Espacios literarios

Malintzin de las maquilas
La frontera de cristal

Dos relatos

Carlos Fuentes

Espacios literarios **Malintzin de las maquilas – La frontera de cristal**
dos Relatos
Carlos Fuentes

Herausgeber: Wolfgang Steveker
Vokabelannotationen und Aufgaben: Wolfgang Steveker
Verlagsredaktion: Claudia Kolitzus
Umschlaggestaltung: Werkstatt für Gebrauchsgrafik, Berlin
Layout und technische Umsetzung: Annika Preyhs für Buchgestaltung+, Berlin

Quellenverzeichnis:
Abbildungen: **Cover** imago/westend61
Texte: **S. 5** Carlos Fuentes «Malintzin de las maquilas», La frontera de cristal © 1995, Herederos de Carlos Fuentes, **S. 44** Carlos Fuentes «La frontera de cristal», La frontera de cristal © 1995, Herederos de Carlos Fuentes, **S. 77** Die Wochenzeitung 11.7.2013/Corsin Zander

Abkürzungen:

a/c	alguna cosa	lat. am.	latinoamericano	etw.	etwas
alg.	alguien	lit.	literario	jd.	jemand
dim.	diminutivo	loc.	locución	jdm.	jemandem
f.	feminino	m.	masculino	jdn.	jemanden
fam.	familiar	mex.	mexicano	jds.	jemandes
fig.	figurado	pl.	plural		
ingl.	inglés	vulg.	vulgar		

www.cornelsen.de

Die Links zu externen Webseiten Dritter, die in diesem Lehrwerk angegeben sind, wurden vor Drucklegung sorgfältig auf ihre Aktualität geprüft. Der Verlag übernimmt keine Gewähr für die Aktualität und den Inhalt dieser Seiten oder solcher, die mit ihnen verlinkt sind.

1. Auflage, 1. Druck 2016

© 2016 Cornelsen Verlag GmbH, Berlin

Das Werk und seine Teile sind urheberrechtlich geschützt. Jede Nutzung in anderen als den gesetzlich zugelassenen Fällen bedarf der vorherigen schriftlichen Einwilligung des Verlages. Hinweis zu den §§ 46, 52 a UrhG: Weder das Werk noch seine Teile dürfen ohne eine solche Einwilligung eingescannt und in ein Netzwerk eingestellt oder sonst öffentlich zugänglich gemacht werden. Dies gilt auch für Intranets von Schulen und sonstigen Bildungseinrichtungen.

Druck: Beltz Bad Langensalza GmbH

ISBN 978-306-121636-8

 Inhalt gedruckt auf säurefreiem Papier aus nachhaltiger Forstwirtschaft.

Malintzin de las maquilas · La frontera de cristal

    5   Carlos Fuentes · Malintzin de las maquilas

  44   Carlos Fuentes · La frontera de cristal

Anexo

  77   Das Fließband und die Gewalt

Carlos Fuentes
Malintzin de las maquilas

A Marina la nombraron así por las ganas de ver el mar. Cuando la bautizaron, sus padres dijeron a ver si a ésta sí le toca ver el mar. En la ranchería[1] en el desierto del Norte, los jóvenes se juntaban con los viejos y los viejos contaban que de jóvenes sus viejos les habían dicho, ¿cómo será el mar?, ninguno de nosotros ha visto nunca al mar.

Ahora que el helado sol de enero se levanta, Marina sólo ve las aguas flacas[2] del Río Grande y el sol lo siente todo tan frío que quisiera volverse a meter entre las cobijas[3] pardas[4] del desierto por donde se asoma[5].

Son las cinco de la mañana y ella tiene que estar en la fábrica a las siete. Se ha retrasado. La retrasó anoche el amor con Rolando, ir con él del otro lado del río a El Paso Texas y regresar tarde, sola y tiritando[6] por el puente internacional a su casita de una sola pieza[7] con retrete[8] en la Colonia Bellavista de Ciudad Juárez.

Rolando se quedó en la cama con un brazo cruzado detrás de la nuca y el celular[9] en la otra mano, pegado a la oreja, mirándola a Marina con satisfacción cansada y ella no le pidió que la llevara de regreso[10], lo vio tan cómodo, tan niño, tan acurrucado[11] y también

1 la ranchería: *mex.* el pueblo
2 las aguas flacas: *etwa* das spärliche Wasser
3 la cobija: *hier fig.* Decke
4 pardo/-a: del color de la tierra
5 asomarse: mostrarse, aparecer
6 tiritando: fröstelnd, frierend
7 la pieza: la habitación
8 el retrete: Toilette
9 el celular: el teléfono móvil
10 llevar de regreso a alg.: *hier* jdn. nach Hause bringen
11 acurrucado/-a: zusammengekuschelt

tan abierto, tan húmedo y calientito. Lo vio sobre todo listo para iniciar el trabajo, haciendo llamadas en el celular desde tempranito, al que madruga Dios lo ayuda[1], más si se es mexicano que hace negocios de los dos lados de la frontera.

Se miró en el espejo antes de salir. Era una belleza dormilona. Todavía tenía pestañas[2] gruesas, de niña.

Suspiró. Se puso la chamarra[3] azul de pluma de ganso[4] que tan mal iba con su minifalda pues la chamarra le colgaba hasta las rodillas y la minifalda le llegaba al muslo[5]. Sus zapatos tenis de trabajo los guardó en un morral[6] y se lo colgó al hombro. Iba al trabajo con zapatos de tacón alto y puntiagudo[7], aunque a veces se le hundieran en el lodo[8] o se le quebraran[9] en las piedras, al contrario de las gringas[10] que caminaban al trabajo con kedds[11] y en la oficina se ponían los tacones altos. Marina en cambio no sacrificaba sus zapatos elegantes por nada, nadie la iba a ver nunca en chanclas[12] como india apache.

Alcanzó el primer camión[13] por la calle del Cadmio y como todas las mañanas trató de mirar más allá del barrio de terrones[14] y de esas casuchas[15] que parecían salidas de la tierra. Todos los días, sin falta, trataba de mirar hacia el horizonte grandísimo, el cielo y el sol le parecían sus protectores, eran la belleza del mundo, el cielo y el sol eran de Todos y no costaban nada, ¡cómo iban a hacer las gentes

---

1 al que madruga Dios lo ayuda: *loc.* Morgenstund hat Gold im Mund
2 la pestaña: Wimper
3 la chamarra: el abrigo, el parka
4 de pluma de ganso: *etwa* gefüttert
5 el muslo: Oberschenkel
6 el morral: Rucksack
7 zapatos de tacón alto y puntiagudo: Stöckelschuhe
8 hundirse en el lodo: im Matsch stecken bleiben
9 quebrarse: *mex.* romperse
10 el/la gringo/-a: *lat. am. vulg.* el/la angloamericano/-a
11 kedds: US-amerikanische Freizeitschuhe
12 las chanclas: *fam.* zapatos viejos y usados
13 el camión: *mex.* el autobús
14 el terrón: Erdhügel
15 la casucha: *vulg.* casa pequeña y mal construída

comunes y corrientes algo tan bonito como eso, todo lo demás tenía que ser feo por comparación: el sol, el cielo... y, decían, ¡el mar!

Siempre acababa viendo hacia los barrancos[1] que se iban derrumbando[2] hacia el río y que le atraían la mirada con la ley de la gravedad[3], como si hasta dentro del alma todas las cosas anduvieran siempre cayéndose[4]. Ya desde esta hora, las barrancas[5] de Juárez parecían hormigueros[6]. La actividad de los barrios más pobres empezaba temprano y se confundía con el enjambre[7] que desde las casuchas y el declive[8] se iba desparramando[9] hasta la orilla del río angosto[10] y allí intentaba cruzar al otro lado. Entonces ella volteaba la cara[11] sin saber si lo que veía la molestaba, la avergonzaba, la hacía compadecerse o sentir ganas de imitar a los que se iban del otro lado.

Mejor fijó los ojos en un ciprés solitario hasta que ya no pudo verlo.

El ciprés quedó atrás y Marina sólo vio concreto[12], muros y más muros de concreto, una larguísima avenida encajonada entre el concreto. El camión se detuvo en un campo donde los muchachos en calzones cortos jugaban fútbol para calentarse y cruzó tiritando el baldío hasta encontrar la siguiente parada del camión.

Tomó asiento junto a su amiga Dinorah que venía vestida de suéter[13] colorado y blue jeans con zapatillas sin tacón. Marina abrazó su morral pero cruzó la pierna para que Dinorah y los demás pasajeros

1 el barranco: Uferböschung
2 irse derrumbando: *hier* steil abfallen
3 la gravedad: Schwerkraft
4 andar cayéndose: *hier* nach unten fallen, stürzen
5 la barranca: *hier* Flussufer
6 el hormiguero: Ameisenhaufen
7 el enjambre: *hier* (Menschen-)Strom, Gewimmel
8 el declive: Gefälle, Abhang
9 irse derrampando: *hier* sich ergießen
10 angosto/-a: estrecho/-a
11 voltear la cara: *hier* den Blick abwenden, wegsehen
12 el concreto: *lat. am.* Beton
13 el suéter: el jersey (*ingl.* sweater)

vieran sus finos zapatos de tacones altos con hebilla de pulsera[1] en el tobillo[2].

Se dijeron lo de siempre, cómo está el niño, con quién lo dejaste. Antes, la pregunta de Marina irritaba a Dinorah, se hacía la desentendida[3], se atareaba[4] sacando un chicle de la bolsa o acariciándose el pelo de chinitos[5] cortos y anaranjados. Luego se dio cuenta de que todas las mañanas de la vida se iba a topar con Marina en el camión y contestó rápidamente, la vecina lo va a llevar a la guardería[6].

—Hay tan pocas —decía Marina.
—¿Qué?
—Guarderías.
—Aquí nada alcanza para nada, chavalona.

No iba a decirle a Dinorah que se casara, porque la única vez que lo hizo ella le contestó con grosería, cásate tú primero, ponme el ejemplo, huisa[7]. No le iba a insistir que las dos eran solteras pero Marina no tenía hijos, un hijo, ésa era la diferencia, ¿no necesitaba un padre el niño?

—¿Para qué? Aquí los hombres no trabajan. ¿Quieres que mantenga[8] a dos en lugar de uno?

Marina le dijo que con un hombre en casa podría defenderse mejor de los jaraseros[9] sexuales de la fábrica. Se metían mucho con Dinorah porque la veían indefensa, nadie daba la cara por ella. Esto fastidió mucho a Dinorah y le dijo a Marina que de veras quería llevarse a toda madre[10] con ella porque Dios les había asignado el mismo camión, pero que si seguía dando consejos no pedidos,

---

1 la hebilla de pulsera: Riemchenschnalle
2 el tobillo: Knöchel
3 hacerse el/la desentendido/-a: *etwa* sich taub stellen
4 atarearse: *hier* geschäftig tun, so tun, als sei man mit anderen Dingen beschäftigt
5 el chinito: Löckchen
6 la guardería: Kinderkrippe
7 huisa: *hier etwa* Mädel
8 mantener a alg.: *hier* jdn. durchfüttern
9 el jarasero: el agresor
10 a toda madre: *mex. fam.* muy bien, estupendamente

de plano[1] iban a dejar de hablarse y que no se hiciera la mosquita muerta[2].

—Yo tengo a Rolando —dijo Marina y Dinorah se murió de risa, todas tienen a Rolando, Rolando tiene a todas, ¿qué te crees, pendeja[3]? y como Marina se soltó chillando[4] y las lágrimas no le rodaron por las mejillas sino que se juntaron todititas en las pestañas, a Dinorah le dio pena, sacó un klinex de la bolsa, abrazó a Marina y le limpió los ojos.

—Por mí no te preocupes, chula[5] —dijo Dinorah—. Yo me sé defender de todos los tentones de la fábrica. Y si me exigen un acostón[6] para ascender[7], mejor me cambio de fábrica, total aquí nadie asciende para arriba, nomás nos movemos para los lados, como las cangrejitas[8].

Marina le preguntó a Dinorah si había rotado mucho, éste era su primer trabajo pero oía que las muchachas se cansaban pronto de una ocupación y se iban a otra. Dinorah le dijo que después de nueve meses de hacer lo mismo, te empezaba a doler la cintura[9] y se te amolaba[10] la columna.

Tuvieron que bajarse a tomar el siguiente camión.

—Tú también vienes retrasada.

—Supongo que por las mismas razones que tú —rió Dinorah y las dos se tomaron de la cintura y se rieron juntas.

La plaza estaba muy animada ya, con sus toldos[11] y tendajones[12] variados. Todo mundo despedía el humo del invierno[13] por la boca

---

1 de plano: de una vez
2 hacerse la mosquita muerta: *etwa* den Unschuldsengel spielen
3 pendeja: *fam.* dumme Gans
4 soltarse chillando: *lat. am.* empezar a llorar
5 chula: *fam.* Kleine, Süße
6 si me exigen un acostón: *etwa* wenn ich mit jdm. schlafen soll
7 ascender (e→ie): aufsteigen, *hier* befördert werden
8 la cangreja (*dim.* cangrejita): Krebs, Krabbe
9 la cintura: Taille, *hier* Seite (des Körpers)
10 amolarsele la columna a alg: *etwa* Rückenprobleme bekommen
11 el toldo: *hier* Verkaufszelt, -stand
12 el tendajón: *hier* Bude
13 despedir el humo de invierno: *etwa* winterliche Dampfwölkchen ausatmen

y los marchantes exponían sus mercancías o colgaban sus anuncios *a lo que vino vino a comerse sus elotes con Avelino*[1] y ellas se detuvieron a comprar dos elotes[2] enchilados y todavía escurridos de agua caliente y mantequilla derretida, sabrosísimos. Se rieron de un anuncio, *Tome Macho Minas Para Hombres Débiles de Sexo*[3] y Dinorah le preguntó a Marina si ella había conocido uno solo así. Marina dijo que no, pero no era eso lo importante, sino escoger una al hombre que quiere. ¿Que una quiere? Bueno, que le gusta a una. Dinorah dijo que los únicos hombres con el pito aguado[4] eran casi siempre los más echadores[5], los que las perseguían y trataban de aprovecharse de ellas en las fábricas.

—Rolando no. Él es muy macho[6].
—Eso ya me lo contaste. ¿Y qué más tiene?
—Un celular.
—Ah —peló[7] de burla los ojos Dinorah pero no dijo nada más porque el camión se detuvo y subieron para viajar el último tramo hasta la maquiladora[8].

→ *Tareas A*

Llegó corriendo una muchacha muy flaca pero guapa con una belleza aguileña[9] poco corriente por aquí y vestida con hábito carmelita[10] y sandalias. Se sentó frente a ellas. Marina le preguntó si no le daban frío sus piececitos en invierno sin calcetincitos ni nada,

---

1 a lo que vino vino a comerse sus elotes con Avelino: *etwa* Kommen Sie und genießen Sie Ihren Maiskolben bei Avelino!
2 el elote: Maiskolben
3 débil de sexo: *etwa* mit Potenzproblemen
4 con el pito aguado: *vulg.* mit schlappem Schwanz
5 el echador: *mex.* Angeber, Großmaul
6 ser muy macho: *hier* ein richtiger Kerl sein
7 pelar (los ojos): *hier* (die Augen) aufreißen
8 la maquiladora: la fábrica
9 aquileño/-a: *hier* kantig (Gesicht, Profil)
10 el hábito carmelita: Ordenstracht der Karmelitinnen (kath. Bettelorden)

así. Ella se sonó[1] la nariz y dijo que era una manda[2] que sólo tenía chiste[3] en la escarcha[4], no en el summer.

—¿Se conocen? —dijo Dinorah.

—De lejos —dijo Marina.

—Ésta es Rosa Lupe. No la reconoces cuando se le mete lo santo[5]. Te juro que normalmente es muy diferente. ¿Por qué hiciste manda?

—Por mi famullo[6].

Les contó que ella llevaba cuatro años en la maquila y su marido –su famullo– seguía sin dar golpe[7].

El pretexto[8] eran los niños, ¿quién los iba a cuidar? Rosa Lupe miró sin mala intención a Dinorah. El famullo se quedaba en casa cuidando a los niños pues por lo visto hasta que crecieran.

—¿Lo mantienes? —dijo Dinorah para vengarse de la alusión de Rosa Lupe.

—Pregunta en la fábrica. La mitad de las que chambeamos[9] allí mantenemos el hogar. Somos lo que se llama jefecitas de familia. Pero yo tengo famullo. Por lo menos no soy madre soltera.

Para evitar el pleito[10] de comadres[11] Marina dijo que ya entraban a la parte bonita y las tres miraron los cipreses[12] alineados a ambos lados de la carretera sin hablarse más; esperando nomás[13] la aparición bellísima que no dejaba de asombrarlas[14] todos los días a pesar de la costumbre, la fábrica montadora de televisores a color,

---

1 sonarse la nariz: sich die Nase putzen
2 la manda: Gelübde
3 tener chiste: tener sentido
4 la escarcha: *aquí* el frío
5 cuando se le mete lo santo: *etwa* wenn sie die Fromme spielt
6 el famullo (fámulo): *hier etwa* Pascha
7 sin dar golpe: sin hacer nada
8 el pretexto: Ausrede, Vorwand
9 chambear: *mex.* trabajar
10 el pleito: la disputa
11 la comadre: *fam.* la compañera
12 el ciprés: Zypresse (Baum)
13 nomás: *mex.* sólo
14 asombrar a alg.: jdn. in Erstaunen versetzen

un espejismo[1] de vidrio y acero brillante, como una burbuja de aire cristalino[2], era como trabajar rodeadas de pureza, de brillo, casi de fantasía, tan limpia y moderna la fábrica, el parque industrial como decían los managers, las maquiladoras que le permitían a los gringos ensamblar[3] textiles, juguetes, motores, muebles, computadoras y televisores con partes fabricadas en los EEUU, ensambladas en México con trabajo diez veces menos caro que allá, y devueltas al mercado norteamericano del otro lado de la frontera con el solo pago de un impuesto al valor añadido[4]: de esas cosas ellas no sabían mucho, Ciudad Juárez era simplemente el lugar de donde llamaba el trabajo, el trabajo que no existía en las rancherías del desierto y la montaña, el que era imposible hallar en Oaxaca o Chiapas o en el mismísimo DF, aquí estaba a la mano, y aunque el salario era diez veces menos que en los EEUU, era diez veces más que nada en el resto de México: esto se cansaba de explicarles la Candelaria, una mujer de treinta años, más que gorda, cuadrada, con las mismas dimensiones por los cuatro costados[5], que no había renunciado a una vestimenta campesina[6] tradicional, aunque era difícil saber de qué región, pues la convencida[7], seria, pero sonriente Candelaria, usaba un poquito de todo, trenzas de columpio[8] con estambres[9] huicholes, huipiles[10] yucatecos, faldas tehuanas, cinturones tzotziles y unos huaraches[11] con suela de llanta Goodrich[12] que se encuentran

---

1 el espejismo de vidrio y acero: *fig. etwa* Traumbild aus Glas und Stahl
2 la burbuja de aire cristalina: *fig. etwa* gläserne Luftblase
3 ensamblar a/c: montar a/c
4 el impuesto al valor añadido: Mehrwertsteuer
5 el costado: (Körper-)Seite
6 la vestimenta campesina: la ropa de la gente del campo
7 convencido/-a: *hier* selbstbewusst
8 la trenza de columpio: Haarschnecke
9 la estambre: *hier* Faden (zum Festbinden der Haarschnecken)
10 el huipil: blusa con motivos coloridos, típica de las mujeres indígenas de México y Centroamérica
11 el huarache: sandalia; zapato típico los indígenas
12 con suela de llanta Goodrich: mit einer Sohle aus einem Stück Goodrich-Autoreifen

en todos los mercados, y como era la amante del líder sindical[1] antigobiernista, sabía de lo que hablaba y el milagro era que no la hubieran corrido[2] de plano de todas las maquiladoras, pero la Candelaria les ganaba siempre la partida[3], era la amita de la rotación[4], cada seis meses cambiaba de plaza y cada vez que lo hacía su patrón suspiraba porque la agitadora[5] se iba y porque la rotación ya era para los empresarios sinónimo de escasa o nula conciencia política, no alcanzaba el tiempo para alborotar[6] a nadie y la Candelaria nomás meneaba[7] las trenzas de la risa y seguía sembrando[8] conciencia aquí y allá, cada seis meses: tenía treinta años, llevaba quince en las maquilas, no quería amolarse[9] la salud, ya había trabajado en una fábrica de pinturas y los solventes[10] la habían enfermado —mira que pasarse nueve meses enlatando[11] pintura para acabar pintada por dentro, eso dijo entonces— y es cuando conoció a Bernal Herrera, un hombre maduro que por eso le gustó a la Candelaria, maduro pero con ojos tiernos y manos vigorosas, moreno, cano[12], con bigote y anteojos[13], y Bernal le dijo Candelaria aquí no le dan agua ni al gallo de la pasión[14], lo que uno necesita debe ganárselo a pulso[15], aquí declaran los costos y utilidades[16] que se les antoja[17], aquí no hay seguros por riesgo de trabajo[18], ni medicaciones, ni pensión, ni com-

1 el líder sindical: Gewerkschaftsführer
2 correr: *aquí* echar
3 ganarle la partida a alg.: jdn. übertrumpfen, jdn. ausspielen
4 era la amita de la rotación: *etwa* sie war die Königin des Arbeitsplatzwechsels
5 el/la agitador/a: Unruhestifter/in, Aufwiegler/in
6 alborotar a alg.: jdn. aufwiegeln
7 menear: schütteln
8 sembrar (e→ie): säen; *hier fig.* schaffen, wecken
9 amolarse a/c: arruinarse a/c
10 el solvente: Lösungsmittel
11 enlatar a/c: etw. in Dosen abfüllen
12 cano/-a: de pelo blanco
13 los anteojos: las gafas
14 *aquí* no le dan agua ni al gallo de la pasión: *loc. hier* gibt es nichts geschenkt
15 ganarse a/c a pulso: *etwa* sich etw. hart erarbeiten
16 declarar los costos y utilidades: *etwa* Verluste und Gewinne ausweisen
17 que se les antoja: *etwa* wie es ihnen passt
18 el seguro por riesgos de trabajo: Arbeitsunfallversicherung

pensaciones por dote[1], maternidad o muerte, nos están haciendo el gran favor, eso es todo, nos están dando trabajo, muchas gracias y a callarse la boca, pero tú de vez en cuando deja caer tres palabritas, Candelaria de mi vida, three little words como dice el fox, huelga de coalición[2], huelga de coalición, huelga de coalición, repítelo tres veces como en una letanía, mi dulce Cande, y vas a ver cómo se ponen pálidos, te prometen aumentos, te ofrecen igualas[3], te respetan tus opiniones, te animan a cambiar de fábrica: hazlo, mi amorcito, mira que prefiero verte rotada que no muerta...

—Es tan bonito este lugar —suspiró Marina, evitando pisar con sus zapatos de stiletto los prados verdes con la advertencia doble: NO PISE EL PASO/KEEP OFF THE GRASS.

—Si hasta parece Disneylandia —Dijo Dinorah entre seria y risueña[4].

—Sí, pero llena de ogros[5] que se comen a las princesitas inocentes como ustedes —les dijo con una sonrisa sarcástica la Candelaria, a sabiendas de que[6] sus ironías no rifaban[7] entre estas mensas[8]. Pero las quería, de todos modos.

Se pusieron las batas[9] azules reglamentarias y tomaron sus lugares frente a los esqueletos de las televisoras, dispuestas a hacer el trabajo en serie, la Candelaria el chasis[10], la Dinorah la soldadura[11], Marina estrenándose[12] apenas para reparar soldaduras, y la Rosa Lupe fijándose en los defectos, los alambres sueltos[13], las coronas

---

[1] la compensación por dote: *etwa* Verheiratetenzuschlag
[2] la huelga de coalición: Streik für die Koalitionsfreiheit (für das Recht der Arbeiter, sich in Gewerkschaften zu organisieren)
[3] la iguala: cantidad de dinero que se paga extra
[4] risueño/-a: alegre
[5] el ogro: Oger (menschenfressender Riese)
[6] a sabiendas de que...: wohl wissend, dass...
[7] rifar: *aquí* tener un efecto
[8] menso/-a: *mex.* poco inteligente, tonto/-a
[9] la bata: Arbeitskittel, Schutzanzug
[10] el chasis: Leiterplatte, Platine
[11] la soldadura: Lötarbeiten
[12] estrenarse: *aquí* empezar a aprender
[13] el alambre suelto: loser Draht

dañadas[1], mientras le decía a la Cande, oye, ya estuvo suave[2] de tratarnos como pendejas, ¿no?, y no pongas esa cara de santa, siempre dándonos lecciones, siempre despreciándonos, ¿yo? peló tremendos ojos la Candelaria, oye Dinorah, dime si aquí hay alguna más taruga[3] que yo, la Candelaria, cargada de obligaciones, me vine de la ranchería, me traje a los hijos, luego a los hermanos, luego a mi papacito, ¿eso es ser muy abusada?, ¿tú crees que me alcanza[4]?

—¿Tu líder no te da para el gasto, Candelaria?

La cuadrada le mandó un toque eléctrico a Dinorah, era una treta[5] que ella se sabía, Dinorah chilló y llamó cabrona a la gorda, ésta nada más se rió y dijo que cada una tenía su telenovela que contar, mejor se llevaban bien, ¿qué no? para pasar las horas juntas y no morirse de aburrición, ¿qué no?

—¿Para qué te trajiste a tu papacito?

—Por el recuerdo —dijo la Candelaria—.

—Los viejos sobran[6] —dijo sordamente Dinorah.

Todas venían de otro lado. Por eso se entretenían contándose historias sorprendentes sobre sus orígenes, sobre las combinaciones familiares, las cosas que las diferenciaban, y a veces, también, se admiraban de que coincidieran[7] en tanto, familias, pueblos, parentescos. Pero todas estaban divididas por dentro: ¿era mejor dejar atrás todo eso, borrar la memoria, resolverse a empezar una nueva vida aquí en la frontera?, ¿o era necesario alimentar el alma con el recuerdo, canturrear[8] a José Alfredo Jiménez[9], sentir la tristeza del pasado, convenir en que el desamor es la muerte del alma? A veces se miraban sin hablarse, todas las amigas, las camaradas,

---

1 la corona dañada: fehlerhafte Kontaktstellen
2 ya estuvo suave de…: *hier etwa* jetzt reicht's aber…
3 tarugo/-a: *fam.* imbécil, idiota
4 tú crees que me alcanza: *etwa* Glaubst du etwa, dass das Geld für alle reicht?
5 la treta: Kniff, Trick
6 sobrar: *aquí* überflüssig sein
7 coincidir en a/c: *aquí* tener a/c en comun
8 canturrear: (Lieder) trällern
9 José Alfred Jímenez (1926–1973) fue un cantante y compositor mexicano, de los más populares y reconocidos del siglo XX.

Candelaria que era quien más tiempo llevaba en la maquila, Rosa Lupe y Dinorah que llegaron al mismo tiempo, Marina que era la más verdecita[1], entendiendo que no era preciso[2] decirse nada para decirse esto, que todas necesitaban amor pero no recuerdos, y que sin embargo era imposible separar el recuerdo y el cariño, estaba canija[3] la cosa. La que mejor llevaba la cuenta[4] de las historias era la Candelaria, y su conclusión era que todas venían de otra parte, ninguna de ellas era fronteriza, le gustaba preguntarles de dónde venían, a ellas les costaba hablar de eso, sólo con la Candelaria como que tenían confianza, se atrevían a enlazar[5] amor y memoria y la Candelaria quería mantener viva esa pareja, sentía que era importante, no condenarse[6] al olvido, ni al desamor que es muerte del alma, volvió a canturrear con el inolvidable José Alfredo, como decían los programas de radio.

—Del ejido[7] «Venustiano Carranza».

—De aquí de Chihuahua, tierra adentro.

—No, del campo no, de una ciudad más chiquita[8] que Juárez.

—Uy, desde Zacatecas.

—Uy, desde La Laguna.

—Mi papá se encargó de todo el movimiento —dijo Rosa Lupe la aguileña vestida de carmelita—. Dijo que el ejido ya no daba para más[9]. La tierra se iba haciendo más chica y más seca cada vez que la dividíamos entre el montón de hermanos. Yo siempre fui activa, muy activa.

En el ejido me encargaba de que estuvieran limpias las calles y pintadas de blanco las paredes, me gustaba preparar el papel

---

1 verde (*dim.* verdecito/-a): *aquí* nuevo/-a, sin experiencia
2 preciso/-a: necesario/-a
3 canijo/-a: *fam.* complicado/-a
4 llevar la cuenta de a/c: *hier* den Überblick über etw. behalten
5 enlazar: relacionar
6 condenarse al olvido: *etwa* sich dem Vergessen hingeben
7 el ejido: *mex.* landwirtschaftliche Genossenschaft
8 chico/-a (*dim.* chiquito/-a): *lat. am.* pequeño/-a
9 no dar para más: nicht genug hergeben

picado¹ para las fiestas, traer a los músicos, organizar los coros de los niños. Mi papá dijo que era yo demasiado lista para quedarme en el campo. Él mismo me trajo a la frontera, cuando tenía quince años. Mi madre se quedó en el ejido con los hermanitos más chicos.
5 No se anduvo por las ramas² mi padre. Me dijo que aquí yo iba a ganar en un mes diez veces más que toda la familia en el ejido. Yo era muy activa. No me iba a pesar³. Mientras él se quedó aquí, me resigné⁴. Él era como la continuidad de mi vida en el pueblo. No le dije que extrañaba⁵ la tierra, mi mamá, mis hermanitos, las fiestas
10 religiosas, la Candelaria⁶ cuando se viste al niño Dios, la Santa Cruz⁷ y su coheterío⁸ tan alegre pero tan miedoso, el Miércoles de Ceniza⁹ cuando todo el pueblo trae su cruz de carbón en la frente, la Semana Santa¹⁰ cuando salen los judíos con sus barbas blancas y sus narizotas y sus abrigos negros a hacer travesuras¹¹ contra los cristianos,
15 todo, las posadas¹², los reyes¹³, lo echaba todo de menos. Aquí busco esas fechas en el calendario, tengo que recordarlas, allá no, allá las fiestas llegaban sin necesidad de recordarlas, ¿me entienden? Pero mi papá me instaló aquí en Juárez en una casita de una pieza en la colonia Bellavista y me dijo: «Trabaja mucho y encuéntrate un hom-
20 bre. Eres la más lista de la familia.» Y se fue.

---

1 el papel picado: Konfetti
2 andarse por las ramas: *fig.* um den heißen Brei herumreden
3 no me iba a pesar: *hier* ich würde es nicht bereuen
4 resignarse: sich fügen
5 extrañar a/c: *lat. am.* echar de menos a/c
6 la (fiesta de la) Candelaria: Mariä Lichtmess (kirchliches Fest am 2. Februar)
7 la (exaltación de la) Santa Cruz: Kreuzerhöhung (kirchliches Fest am 14. September)
8 el coheterío: Feuerwerk
9 el Miércoles de la Ceniza: Aschermittwoch
10 la Semana Santa: Karwoche
11 hacer travesuras contra alg.: mit jdm. Schabernack treiben
12 las posadas: v.a. in Mexiko verbreitete Umzüge in der Vorweihnachtszeit, die Josefs und Marias Reise nach Bethlehem und ihre Suche nach einer Herberge nachstellen
13 los reyes: Dreikönigstag (kirchliches Fest am 6. Januar)

—Yo no sé qué es mejor —dijo enseguida la Candelaria—. Ya les dije, yo vivo cargada de obligaciones. Cuando me vine a la frontera, me traje a mis hijos. Luego llegaron mis hermanos. Finalmente mis padres se animaron. Es mucha carga para mi sueldo y cuidado con hacerme bromas, pinche[1] Dinorah. Lo que nos dan nuestros hombres lo merecemos. Lo que me da mi padre es de pilón[2], es el recuerdo. Mientras mi padre esté en la casa, ya no olvidaré. Vieran qué bonito es tener cosas que recordar.

—No es cierto —dijo Dinorah—. Los recuerdos nomás duelen.

—Pero es dolor del bueno —contestó la Candelaria.

—Pues yo sólo conozco del malo —siguió Dinorah.

—Es que no tienes con qué compararlo, no te das a ti misma el chance de almacenar[3] tus buenos recuerdos del pasado.

—Las alcancías[4] son para los puerquitos[5] —dijo irritada Dinorah.

Rosa Lupe iba a decir algo cuando se acercó la supervisora, una cuarentona muy alta con ojos de canica[6] y labios como ejote[7], y se puso a regañar a la guapa y aguileña carmelita, estaba violando los reglamentos, qué se creía viniendo al trabajo vestida de milagrosa[8], ¿no sabía que había que usar la bata azul por reglamento, por seguridad, por higiene?

—Tengo hecha una manda[9], super —dijo muy digna Rosa Lupe.

—Aquí no hay más manda que mis ovarios[10] —dijo la supervisora—. Anda, quítate ese ropón y ponte la bata azul.

—Está bien. Voy al baño.

---

1 pinche: *mex.* maldito/-a
2 de pilón: *aquí* más importante
3 almacenar: *hier* sammeln, aufbewahren
4 la alcancía: Sammelbüchse, Spardose
5 el puerco (*dim.* puerquito): Schwein(chen)
6 la canica: Murmel
7 el ejote: *mex.* Bohnenschote
8 la milagrosa: *aquí* la monja
9 tengo hecha una manda: ich habe ein Gelübde abgelegt
10 aquí no hay más manda que mis ovarios: *etwa* hier bestimme ich allein, wer welches Gelübde ablegt

—No señora, usted no va a interrumpir el trabajo con sus santurronerías[1]. Usted se me cambia aquí mismito.

—Es que no traigo nada debajo.

—A ver —dijo la supervisora y agarró a Rosa Lupe de los hombros, le arrancó[2] el hábito, se lo bajó violentamente hasta la cintura, dejó que brotaran[3] los espléndidos senos de Rosa Lupe, y sin contenerse la mujer de ojos de canica los cerró y se fue con los labios de ejote sobre los levantados pezones[4] color de rosa de la guapa carmelita, que no pudo reaccionar de la sorpresa, hasta que la Candelaria agarró de la permanente[5] a la super, la insultó, la separó y Dinorah le dio una patada en el culo a la puerca[6] y—Marina se acercó rápidamente a Rosa Lupe y la cubrió con las manos, sintiendo con emoción cómo le palpitaba el corazón a su amiga, cómo se le excitaban sin querer los pezones.

Llegó otro supervisor hombre a separarlas, poner el orden, reírse de su colega, no me andes quitando a mis novias, Esmeralda, le dijo a la supervisora despeinada y enardecida como un jitomate frito[7], déjame a mí estas chuladas[8], tú búscate un macho.

—No te burles de mí, Herminio, me las vas a pagar[9] —dijo la aporreada Esmeralda retirándose con una mano en la frente y la otra en la barriga—. No te metas en mis terrenos.

—¿Me vas a reportear[10]?

—No, nomás te voy a chingar[11].

---

1 la santurronería: Frömmelei, frommes Getue
2 arrancar a/c: *hier* etw. aufreißen
3 brotar: zu sehen sein, sichtbar werden
4 el pezón: Brustwarze
5 la permanente: Dauerwelle
6 la puerca: *vulg.* Sau
7 enardecida como un jitomate frito: *etwa* rot und heiß wie eine Tomate in der Pfanne
8 la chulada: *etwa* Anmache
9 me las vas a pagar: *fam.* das werd' ich dir heimzahlen
10 reportear: *lat. am.* denunciar, pasar información
11 te voy a chingar: *vulg.* ich werd' dich fertigmachen

—Ándenle muchachas —sonrió el supervisor Herminio, lampiño[1] como un piloncillo[2] y del mismo color—. Voy a adelantar la hora del recreo, vayan y tómense un refresco, y piensen bien de mí.
—¿Vas a cobrarte el favor? —dijo Dinorah.
—Ustedes caen solitas[3] —sonrió libidinosamente[4] Herminio.
Compraron sus pepsis y se sentaron un rato frente al césped tan bonito de la fábrica —KEEP OFF THE GRASS— esperando a Rosa Lupe que reapareció acompañada por Herminio, muy satisfecho el supervisor. La obrera venía con la bata azul.
—Parece el gato que se comió al ratón —dijo la Candelaria cuando Herminio se retiró.
—Le permití que me viera cambiarme de ropa. Prefiero que lo sepan. Lo hice por agradecimiento. Prefiero ser yo la que decide. Me prometió no molestarnos a ninguna y protegernos de la cabrona de Esmeralda.

→ *Tareas B*

—Uy, con qué poquito se... —empezó a decir Dinorah pero Candelaria la calló con la mirada, y las demás bajaron la suya sin imaginarse que desde el alto mirador[5] de la gerencia[6], cuyos vidrios opacos permitían mirar hacia afuera sin ser vistos hacia adentro, el dueño mexicano de la empresa, don Leonardo Barroso, observaba al grupo de trabajadoras y le repetía al grupo de inversionistas norteamericanos aquello de benditos entre las mujeres[7], pues las maquiladoras empleaban ocho mujeres por cada hombre, las liberaban del rancho, de la prostitución, incluso del machismo —sonrió

---

1 lampiño/-a: glattrasiert
2 el piloncillo: *mex.* Zuckerhut aus braunem Zucker
3 ustedes caen solitas: *etwa* darauf kommt ihr doch von alleine
4 libidinosamente: con apetito sexual
5 el mirador: *hier* Fensterfront
6 la gerencia: Geschäftsführung
7 benditos entre las mujeres: *etwa* gesegnet sind die Männer in der Obhut der Frauen

ampliamente don Leonardo— pues la trabajadora se convertía rápidamente en la ganapán[1] de la casa, la jefa de familia adquiría una dignidad y una fuerza que pues liberaban a la mujer, la independizaban, la modernizaban y eso también era democracia, ¿no le parecía a los socios texanos? Además —don Leonardo acostumbraba estos pep-talks[2] periódicos para calmar los ánimos de los yanquis y darles buena conciencia—, estas trabajadoras, como esas que allí ven sentadas junto al pasto[3] bebiendo refrescos, se integraban a un crecimiento económico dinámico, en vez de vivir deprimidas en el estancamiento[4] agrario de México. Había cero, exactamente cero maquilas en la frontera en 1965 con Díaz Ordaz[5], diez mil en el 72 con Echeverría, treinta y cinco mil en el 82 con López Portillo, ciento veinte mil en el 88 con De la Madrid, ciento treinta y cinco mil ahora en el 94 con Salinas, y generando doscientos mil empleos conexos[6].

—Se puede medir el progreso del país por el progreso de las maquiladoras —exclamó satisfecho el señor Barroso.

—Debe haber problemas —dijo un yanqui[7] más seco que una pipa de mazorca amarilla[8]—. Siempre hay problemas, señor Barroso.

—Llámeme Len, señor Murchinson.

—Y yo Ted.

—¿Problemas de trabajo? Los sindicatos no están autorizados.

—Problemas de falta de lealtad[9], Len. Yo siempre he trabajado con la lealtad de mis trabajadores. Aquí sé que las trabajadoras duran seis, siete meses, y se mudan a otra empresa.

---

1 la ganapán: *aquí* mujer que mantiene a la familia
2 el pep-talk (*ingl.*): *etwa* motivierende Worte
3 el pasto: el césped
4 el estancamiento: Stagnation, Stillstand
5 Díaz Ordaz, Echeverría, López Portillo, De la Madrid, Salinas: ex presidentes de México
6 el empleo conexo: *etwa* Arbeitsplatz in einem Zulieferbetrieb
7 el/la yanqui: *fam.* el/la estadounidense *(ingl. yankee)*
8 más seco que una pipa de mazorca amarilla: *fig. etwa* dürrer als eine Bohnenstange
9 la lealtad: *hier* Betriebstreue; Firmentreue

—Claro, todas quieren irse con los europeos[1] porque las tratan mejor, corren o castigan a los supervisores abusivos, les dan lonches[2] de lujo, qué sé yo, puede que hasta las manden de vacaciones a ver tulipanes a Holanda... Trate de hacer eso y las ganancias van a reducirse, Ted.

—Así no trabajamos en Michigan. Los obreros se desarraigan[3], aumentan los gastos de agua, vivienda, servicios. Puede que los holandeses tengan razón.

—Todos rotamos —dijo alegremente Barroso—. Ustedes mismos, si en México les ponemos normas de medio ambiente, se van. Si aplicamos estrictamente la Ley Federal del Trabajo, se van. Si hay un boom de las industrias de guerra, se van. ¿Usted me habla de rotación? Es la ley del trabajo. Si los europeos prefieren la calidad de la vida a los beneficios, allá ellos[4]. Que los subsidie[5] la CEE[6].

—No me has contestado, Len. ¿Qué pasa con el factor lealtad?

—Los que quieran mantener un cuerpo[7] leal de trabajadores, que hagan como yo. Les ofrecemos bonos[8] para que se queden. Pero la demanda es grande, las muchachas se aburren, no ascienden para arriba, de manera que cambian horizontalmente, se hacen la ilusión de que al cambiar mejoran. Eso genera algunos gastos, Ted, tienes razón, pero nos evita otros. Nada es perfecto. Pero la maquila no es una suma-cero[9], sino una suma-suma[10]. Todos salimos ganando.

Rieron un poco y un hombre de cabeza entrecana[11] y pelo largo restirado en cola de caballo, entró a servirles sus cafecitos.

1 todas quieren irse con los europeos: *etwa* alle wollen bei den europäischen Firmen arbeiten
2 el lonche: la comida *(ingl. lunch)*
3 desarraigarse: *hier* die Heimat verlassen müssen
4 allá ellos: das ist ihre Sache
5 subsidiar: apoyar, financiar
6 La CEE (Comunidad Económica Europea): EWG (Europäische Wirtschaftsgemeinschaft), Vorgängerorganisation der Europäischen Union
7 el cuerpo: *aquí* el grupo, el equipo
8 el bono: Gutschein
9 ser una suma-cero: *etwa* ein Nullsummenspiel sein
10 ser una suma-suma: *etwa* satte Gewinne abwerfen
11 entrecano/-a: angegraut, grau meliert

—Para mí sin azúcar, Villarreal —le dijo don Leonardo al servidor.
—Ahora bien, Ted —continuó Barroso—. Tú eres nuevo en este asunto pero seguramente tus socios norteamericanos te han dicho cuál es el verdadero negocio.
—No me parece mal tener una empresa nacional que le vende a un solo comprador[1] asegurado. Eso no lo tenemos en los Estados Unidos.

Barroso le pidió a Murchinson que mirara para afuera, más allá del grupito de trabajadoras bebiéndose sus pepsis, que mirara al horizonte, le dijo, los empresarios yanquis siempre han sido hombres de visión, no cuentachiles[2] provincianos como en México, ¡qué horizonte más grande veían desde aquí!, ¿verdad?, Texas era del tamaño de Francia, México, que parecía tan chiquito junto a los US of A, era seis veces más grande que España, cuánto espacio, cuánto horizonte, qué inspiración —casi suspiró Barroso—.

—Ted: el verdadero negocio no son las maquilas. Es la especulación urbana[3]. El sitio de las fábricas. Los fraccionamientos[4]. Los parques industriales. ¿Viste mi casa en Campazas? Se ríen de ella. La llaman Disneylandia. El que se ríe soy yo. Estos terrenos los compré a cinco centavos metro cuadrado. Ahora valen mil dólares metro cuadrado. Allí está el negocio. Te lo advierto. Éntrale[5].

—Soy todo oídos[6], Len.

—Las muchachas tienen que viajar más de una hora en dos camiones para llegar hasta aquí. Lo que nos conviene es crear otro polo[7] al mero oeste[8] de esta fábrica. Lo que nos conviene es com-

---

1 el comprador: *hier* Abnehmer
2 el cuentachile: *etwa* Erbsenzähler
3 la especulación urbana: Grundstücksspekulation
4 el fraccionamiento: *hier* Grundstücksteilung, Parzellierung
5 éntrale: *etwa* steig' ein
6 ser todo oídos: *loc.* ganz Ohr sein
7 el polo: *hier* Standort
8 al mero oeste: precisamente al oeste

prar los terrenos de la colonia Bellavista. Son un andurrial[1], puras chozas[2] de mierda. En cinco años, valdrán mil veces más.

Ted Murchinson estuvo de acuerdo en poner el dinero con Leonardo Barroso al frente, porque la constitución mexicana prohíbe a los gringos tener propiedades en las fronteras. Se habló de fideicomisos[3], de acciones[4], de porcentajes, mientras Villarreal servía los cafés bien aguados[5], como les gustaban a los gringos.

→ *Tareas C*

—Mi famullo lo que quiere es que deje la maquila y me junte con él para el comercio, así nos vemos más y nos alternamos en el cuidado del niño. Es la única cosa valiente que me ha propuesto, pero yo sé que en el fondo es tan cobarde como yo. La maquila es lo seguro, pero mientras yo trabajo aquí, él está atado[6] a la casa.

Esto lo dijo Rosa Lupe pero algo en sus palabras agitó terriblemente a Dinorah, se descompuso[7] toditita y pidió permiso para ir al baño. La supervisora Esmeralda, para evitar nuevos conflictos, no se opuso. A veces decía vulgaridades espantosas cuando las muchachas pedían ir al baño.

—¿Y ora esa[8]? —dijo la Candelaria y se arrepintió. Era una ley no escrita que ellas no andaban averiguando qué les pasaba, por dentro, a las demás. Lo que les pasaba afuera, pues se notaba y podía comentarse, sobre todo con ánimo guasón[9]. Pero el alma, eso que las canciones llaman el alma…

Canturreó Candelaria y se le unieron Marina y Rosa Lupe.

---

1 ser un andurrial: *fam.* in der Pampa-, im Niemandsland sein
2 la choza: Hütte, Bruchbude
3 el fideicomiso: Treuhand(gesellschaft)
4 la acción: Aktie
5 bien aguado/-a: con mucha agua
6 estar atado a a/c: *auch fig.* an etw. gefesselt sein
7 descomponerse: *aquí* ponerse triste
8 ¿y [ah]ora esa?: *etwa* Was ist denn mit der los?
9 con ánimo guasón: con la intención de hacer una broma

«Me volvió loca tu manera de ser/Tu egoísmo y tu soledad/Son joyas en la noche/De mi mediocridad...»

Entre que[1] se rieron y se pusieron tristes, pero Marina pensó en Rolando, en qué andaría haciendo en las calles de Juárez y El Paso, era un hombre con un pie allá y otro acá de este lado, unido a Juárez y El Paso por su celular.

—No me llames a casa de noche, mejor llámame al coche, llámame a mi celular —le había dicho a Marina al principio, pero cuando ella le pidió el número, Rolando se excusó.

—Me tienen fichado[2] con mi celular —le explicó—. Si entra una llamada tuya, puedo comprometerte[3].

—¿Entonces cómo nos vamos a ver?

—Tú ya sabes, todos los jueves en la noche en los courts del otro lado...

¿Y los lunes, los martes, los miércoles, qué? Todos trabajamos, le decía Rolando, la vida es dura, hay que ganarse los frijoles[4], una noche de amor, ¿te das cuenta?, hay gente que ni eso tiene... ¿Y los sábados, y los domingos? La familia, decía Rolando, los fines de semana son para la familia.

—Yo no tengo, Rolando. Estoy solita.

—¿Y los viernes? —replicaba como de rayo Rolando, era rápido, eso ni quién se lo quitara, sabía que Marina se confundía apenas se mencionaba el viernes.

—No. Los viernes salgo con las muchachas. Es nuestro día de amigas.

Rolando no tenía que añadir nada y Marina esperaba ansiosa el jueves para cruzar por el puente internacional, mostrar su tarjeta, tomar un bus que la dejaba a tres cuadras[5] del motel, detenerse en

---

1 entre que se rieron y...: halb lachten sie, halb...
2 tener fichado/-a a alg.: *aquí* vigilar a alg., controlar a alg.
3 comprometer a alg.: exponer a riesgo a alguien
4 ganarse los frijoles: *mex.* ganarse la vida
5 la cuadra: Häuserblock

la fuente de sodas[1] a tomarse una malteada de chocolate[2] con su cerecita de copete[3] que sólo del lado gringo las sabían preparar y llegar así, fortalecida de cuerpo, adormecida de alma, a brazos de Rolando, su Rolando...

—¿Tu Rolando? ¿Tuyo? ¿De todas?

Las burlas de las muchachas sonaban en sus oídos mientras trenzaba[4] los alambres negros, azules, amarillos, rojos, toda una bandera interior que proclamaba la nacionalidad de cada televisor, assembled in Mexico, qué orgullo, ¿cuándo le pondrían fabricado por Marina, Marina Álva Martínez, Marina de las Maquilas? Pero ni ese orgullo de su trabajo, ese sentimiento huidizo[5] de que hacía algo que valía la pena, no un trabajo inútil, borraba el sentimiento de celos[6] que le daba Rolando, Rolando y sus conquistas, todas lo insinuaban[7], a veces lo decían, Rolando el hombre de todas y si era así, pues qué bueno que a ella le tocaba un cachito[8] del amor que ese galán a todo dar, bien vestido, con trajes color avión, que relucían hasta de noche, su pelo tan bien cortado, no de jipi[9], sin patillas[10], negro como su bigotillo tan fino y bien peinado, su tez[11] parejamente oliva, sus ojos soñadores y su celular pegado a la oreja, todos lo habían visto, en restoranes de lujo, enfrente de almacenes[12] famosos, en el mero puente, siempre con su celular pegado a la oreja, arreglando biznez[13], conectando, negociando, conquistando al mundo, Rolando, con su corbata marca Hermés y su traje de color jet, arreglando al mundo, ¿cómo iba a darle más de una noche a la

1 la fuente de sodas: bar de bebidas no alcohólicas (*ingl.* soda fountain place)
2 la malteada de chocolate: *mex.* Schokoladenmilchshake
3 con su cerecita de copete: mit einer kleinen Kirsche obenauf
4 trenzar: *hier* zusammendrehen
5 huidizo/-a: flüchtig
6 los celos: Eifersucht
7 insinuar a/c: etw. andeuten, etw. durchblicken lassen
8 el cachito: la pequeña parte, la pieza
9 el jipi: *ingl.* hippie
10 las patillas: Koteletten
11 la tez: la piel
12 el almacén: Kaufhaus
13 el biznez: *ingl.* business

semana a Marina, la recién llegada, la más simple, la más humilde?, él, un hombre tan solicitado[1], ¿el bato más chingón[2]?

—Ven —le dijo cuando, la tercera vez que se vieron en el motel, ella lloró y le hizo una escena de celos—. Ven y siéntate frente a este espejo.

Ella sólo vio que las lágrimas se le juntaban en las pestañas gruesas, de niña aún.

—¿Qué ves en el espejo? —le dijo Rolando, de pie detrás de ella, inclinado hacia el rostro de ella, acariciándole los hombros desnudos con esas manos suaves, cafecitas[3], llenas de anillos[4].

—Yo. Me miro yo, Rolando. ¿Qué te pasa?

—Sí. Mírate, Marina. Mira a esa muchacha bellísima, con pestañas tupidas[5] y ojitos de capulín[6], mira la belleza de esos labios, la naricita perfecta, los hoyuelos[7] divinos, mira todo eso, Marina, mira a esa muchacha preciosa y luego mírame a mí cuando me pregunto, ¿cómo puede sentir celos esta muchacha tan linda[8], cómo puede creer que a Rolando le guste otra, acaso no se ve en el espejo, acaso no se da cuenta de lo linda que es? ¿Cómo voy a traicionarla yo? ¡Qué poca confianza en sí misma tiene Marina! Rolando Rozas debe educarla.

Entonces las lágrimas le rodaban, pero de pena y felicidad y se abrazaba al cuello de Rolando, pidiéndole perdón.

→ *Tareas D*

Hoy era viernes, pero un viernes diferente. Algo le dijo Villarreal, el mozo[9] de la gerencia, a la Candelaria cuando iban saliendo de

1 solicitado/-a: begehrt, gefragt
2 el bato más chingón: *fam.* el tío más guapo
3 cafecito/-a: *hier* kaffeebraun
4 el anillo: Ring
5 tupido/-a: dicht
6 los ojitos de capulín: ojos negros y redondos
7 el hoyuelo: Wangengrübchen
8 lindo-/a: *lat. am.* guapo/-a
9 el mozo: Diener

la armadora[1] que la excitó y la descompuso, ella por lo común tan tranquila. Rosa Lupe, por más que fingiera compostura[2], estaba alterada[3] por dentro, mancillada[4] por Esmeralda que la humilló y Herminio que la protegió y salió tratando de entender cuál de los dos era peor, si la vieja bestial o el joven libidinoso, y Dinorah traía algo adentro[5], Marina trataba de repasar todas las conversaciones del día para ver qué cosa había inquietado tanto a la Dinorah, era una mujer buena, su cinismo era pura pose, se defendía de una vida que le parecía injusta, sin sentido, lo decía y ahora lo daba a entender... Marina las vio tan tristes, tan ensimismadas[6], que decidió hacer algo insólito, algo prohibido, algo que las hiciera a todas sentirse contentas, distintas, libres, quién sabe...

Se quitó los zapatos de charol[7], hebilla y tacones de puñal, los tiró lejos y descalza corrió por el pasto, bailó por el césped riendo, burlándose de la advertencia NO PISE EL PASTO – KEEP OFF THE GRASS, sintiendo una emoción física maravillosa, era tan fresca la pelusa[8], tan mojada y bien cortada, le hacía cosquillas[9] en las plantas[10], que correr sobre ella con los pies desnudos era como darse un baño en uno de esos bosques encantados que salían en las películas, donde la doncella[11] pura es sorprendida por el príncipe armado, brillante todo, brillante el agua, el bosque, la espada[12]: los pies desnudos, la libertad del cuerpo, la libertad de lo otro, como se llamara, el alma, lo que decían las canciones, el cuerpo libre, el alma libre...

KEEP OFF THE GRASS

1 la armadora: *mex.* la fábrica
2 por más que fingiera compostura: so ausgeglichen sie sich *auch* nach außen geben mochte
3 alterado/-a: verstört
4 mancillar: *aquí* atacar sexualmente
5 traer a/c adentro: *fig.* etw. nicht aus dem Kopf bekommen
6 ensimismado/-a: in sich gekehrt
7 el charol: Lack
8 la pelusa: *aquí* el césped, el pasto
9 hacer cosquillas a alg.: jdn. kitzeln
10 las plantas: Fußsohlen
11 la doncella: *lit.* la chica
12 la espada: Schwert

Todas rieron, chancearon[1], celebraron, advirtieron, no seas loca, Marina, quítate, te van a multar, te van a correr[2]...

No, se rió don Leonardo Barroso detrás de sus ventanales opacos, mira nomás Ted, le dijo al gringo seco como una pipa de maíz, mira qué alegría, qué libertad de esas muchachas, qué satisfacción del deber cumplido, ¿qué te parece? Pero Muchinson lo miró con una chispa[3] escéptica en la mirada, como diciéndole:

—How many times have you staged this little act?

Las cuatro, Dinorah y Rosa Lupe, Marina y Candelaria, se sentaron en su mesa de costumbre, juntito a la pista[4] de la discoteca. Ya las conocían y se las reservaban cada viernes. Era la influencia de la Candelaria. Las demás lo sabían. Los viernes era dificilísimo encontrar mesa en el Malibú, era el gran día libre, la muerte de la semana de trabajo, la resurrección[5] de la esperanza, y de su compañera, la alegría.

—¿Malibú? ¡Maquilú! —decía el anunciador vestido de smoking azul con camisa de olanes[6] y corbata fosforescente, ante la ola de muchachas que llenaban el galerón alrededor de la pista, más de mil trabajadoras apretujadas aquí y la aguafiestas[7] de la Dinorah diciendo son las luces, las puras luces, sin las luces esto es un pinche corral para vacas[8], pero las luces lo hacen todo bonito y Marina se sintió como en la playa, nomás que una playa de noche, maravillosa, en la que las luces azules, naranja, color de rosa, la acariciaban como los rayos del sol, sobre todo la luz blanca, plateada[9], que era como si la luna la tocara y también la bronceaba, la volvía toditita

---

1 chancear: bromear, gastar bromas
2 correr a alg.: *aquí* echar a alg., despedir a alg.
3 la chispa: *hier* Funkeln
4 la pista: Tanzfläche
5 la resurrección: Auferstehung
6 la camisa de olanes: *mex.* Rüschenhemd
7 el/la aguafiestas: Miesmacher/in
8 el corral para vacas: Kuhstall
9 plateado/-a: silbern

de plata[1], no un envidiado sun-tan (¿cuándo iría a una playa?) sino un moon-tan.

Nadie le hizo caso a la amargada de la Dinorah[2] y todas salieron a bailar, sin hombres, entre sí, el rock se prestaba, nadie tenía que abrazarse la cintura o bailar de cachetito[3], cada changa a su mecate[4], el rock era algo tan puro como ir a la iglesia, los domingos a misa, los viernes a la disco, el alma y el cuerpo se purificaban en los dos templos, qué bien se caían todas entre sí, qué fantasías se les ocurrían, los bracitos para acá, las patitas para allá, las rodillas en ángulo, las melenas[5] y las tetas rebotando[6], las nalgas[7] agitadas libremente, las caras sobre todo, los gestos, éxtasis, burla, seducción, pasmo[8], amenaza, celo, ternura, pasión, abandono, alarde[9], payasadas[10], imitaciones de estrellas famosas, todo era permitido en la pista del Malibú, todas las emociones perdidas, los desplantes[11] prohibidos, las sensaciones olvidadas, todo tenía aquí sitio, justificación, goce[12], sobre todo, goce, y faltaba lo mejor.

Regresaron sudorosas a sus asientos —Candelaria y su atuendo[13] multiétnico, Marina preparada con su mini y su blusa de lentejuelas[14] y sus zapatos de tacón de daga, Dinorah revelada[15] con un lindo vestido descotado[16] de satín colorado, la Rosa Lupe siempre de carmelita, cumpliendo su manda, pero aquí la fantasía estaba permi-

---

1 la plata: Silber
2 la amargada de la Dinorah: *etwa* die miesepetrige Dinorah
3 de cachetito: Wange an Wange
4 cada changa a su mecate: *etwa* jeder für sich
5 la melena: el pelo largo
6 rebotar: hüpfen
7 la nalga: Gesäßbacke
8 el pasmo: el entusiasmo
9 el alarde: Prahlerei
10 la payasada: Albernheit
11 el desplante: *aquí* el gesto, el movimiento del cuerpo
12 el goce: *hier* Vergnügen
13 el atuendo: Aufzug, Aufmachung
14 la blusa de lentejuela: mit Pailletten besetzte Bluse
15 revelado/-a: *hier* figurbetont
16 descotado/-a: mit tiefem Ausschnitt

tida y hasta consolaba ver a alguien así, toda de café[1] y con sus escapularios[2]—, cuando salieron a la pasarela[3] los Chippendale Boys, los muchachos gringos traídos de Texas, con las corbatitas de paloma[4] pero los torsos desnudos, las botas acharoladas[5] hasta el tobillo y las tangas que se les encajaban entre las nalgas y apenas sostenían el peso del sexo, revelando las formas, desafiando a las muchachas, excítame con tu mirada; idénticos pero variados, cada uno cargando su bolsa de oro, como dijo riéndose la Candelaria, pero aquí un detalle —el pubis[6] rasurado—, allá otro —un brillante en el ombligo[7]—, más arriba un tatuaje de las dos banderas cruzadas, las barras y las estrellas, el águila y la serpiente, sobre el hombro, más abajo un solo muchacho con espuelas[8] en los botines, llevando un compás[9] precioso, viril, excitante, mientras las muchachas les iban metiendo billetes en las tangas, Rosa Lupe, todos ellos rubios pero bronceados, untados de aceite[10] para lucir más, maquillados los rostros, gringos todos, deseables gringuitos, adorables, para mí, para ti, se codeaban las muchachas, en mi cama, imagínalo, en la tuya, que me lleve, estoy lista, que me robe, yo soy kidnapeable. Un Chico Chippendale se agachó[11] y le arrancó a Rosa Lupe el cordel de su túnica de penitente[12], todas rieron, el muchacho empezó a jugar con el cordel mientras Rosa Lupe decía éste es mi día, tres veces han tratado de encuerarme[13], me lleva, se rió, pero el Chico Chippendale, bronceado, aceitado, maquillado, sin vello en las axilas, jugó con el

1 de café: *aquí* de color café
2 el escapulario: Skapulier (Überwurf über die Tunika der Ordenstracht)
3 la pasarela: Laufsteg
4 la corbat[it]a de paloma: Fliege
5 la bota acharolada: Lackstiefel
6 el pubis: Schamgegend
7 el ombligo: Bauchnabel
8 las espuelas: Sporen (an den Stiefeln)
9 el compás: el ritmo
10 untado/-a de aceite: eingeölt
11 agacharse: sich herabbeugen
12 la túnica de penitente: Büßerkleid
13 encuerar a alg.: *lat. am.* quitar la ropa a alg.

cordón como si fuera una serpiente y él un encantador[1], levantaba
el cordón, le daba erección, las demás muchachas codeaban a Rosa
Lupe, diciéndole que si tenía preparado el show con este galán y ella
juraba llorando de risa que no, era lo bonito, todo de sorpresa, pero
las muchachas aullaban[2] pidiéndole al Boy que les tirara el cordón,
el cordón, el cordón, y él se lo pasaba entre las piernas, se lo clavaba
debajo del brillante de su ombligo, como un cordón umbilical[3], volviendo locas a las muchachas, gritando todas ellas que les diera el
cordón, que así se ligara a ellas, su hijo de unas por el cordón, su
amante de otras por el cordón, esclavo de éstas, amo de las otras,
atadas a él, él atado a ellas, hasta que el Chippendale dejó caer la
punta del cordón entre el regazo[4] de Dinorah sentada junto a la
pasarela, y Dinorah primero lo tomó con fuerza, tanta que casi tira
de bruces[5] al muchacho que gritó hey! y ella fue la que gritó sin palabras, un aullido[6], arrojando el cordón, saliendo a codazos entre el
gentío, el asombro, el comentario...

Las amigas se miraron entre sí, asombradas pero sin ganas de
demostrarlo, por un sentimiento de solidaridad con Dinorah. Los
Chippendale Boys se retiraron entre aplausos, con las tangas repletas de billetes, perdiendo uno tras otro su sonrisa fabricada en serie,
volviendo cada uno, al bajar de la pasarela, al semblante[7] de la vida
diaria, al desfile de la diferencia[8], aburrido uno, displicente[9] otro,
éste satisfecho como si todo lo que hiciera fuese admirable y le
valiese el Oscar, el otro matando con la mirada al corral de vacas
mexicanas y añorando[10] quizás otro corral, de toros mexicanos:

---

[1] el encantador: Schlangenbeschwörer
[2] aullar: heulen; *hier* kreischen
[3] el cordón umbical: Nabelschnur
[4] el regazo: Schoß
[5] tirar de bruces a alg.: jdn. zu Boden reißen
[6] el aullido: Geheul; *hier* Aufschrei
[7] semblante: la cara
[8] el desfile de la diferencia: *etwa* Schau der Unterschiede
[9] displicente: de mal humor
[10] añorar a/c: sich nach etw. sehnen

ambición frustrada, despojo[1], fatiga, indiferencia, crueldad: rostros malos, se dijo sin desearlo Marina, esos muchachos no me sabrían querer, no son como mi Rolando, con todo y sus fallas[2]...

Pero venía la parte más bonita...

Se escuchó la Marcha Nupcial[3] de Mendelssohn y la primera modelo apareció por la pasarela, con la cara velada[4] por el tul[5], las manos unidas en el buqué de nomeolvides[6], la corona de azahares[7], la falda ampona[8], como de reina, como de nube. Todas las muchachas lanzaron una exclamación colectiva que era más bien un suspiro y ninguna tuvo que dudar sobre el rostro escondido por los velos, era una de ellas, era morenita, era mexicana, las hubiera ofendido que una gringa saliera vestida de novia, los muchachos tenían que ser gringos, pero las novias tenían que ser mexicanas...

Una vez que sacaron de novia a una güerita[9] de ojo azul, la que se armó[10], casi incendian[11] el local. Ahora ya sabían. El desfile de trajes de novia era de mexicanas, para mexicanas, cinco novias seguidas, muy modosas[12] y vírgenes, luego una de guasa[13] con minifalda de tafeta[14] y al final una desnuda, sólo el velo[15], las flores en las manos y el tacón alto, a punto de acostarse, entregarse, todas rieron y gritaron y al final apareció un hombrecito vestido de sacerdote que las bendijo a todas y las llenó de emoción, de gratitud, de ganas de

---

1 el despojo: *hier* Teilnahmslosigkeit
2 con todo y sus fallas: a pesar de todos sus defectos
3 la Marcha Nupcial: Hochzeitsmarsch
4 velado/-a: verschleiert
5 el tul: Tüllschleier
6 el buqué de nomeolvides: Strauß Vergißmeinicht
7 el azahar: Orangenblüte
8 la falda ampona: Reifrock, weiter Rock
9 el/la güero/-a (*dim.* güerito/-a): *mex. fam.* el/la estadounidense de pelo rubio
10 la que se armó: *etwa* es gab einen gewaltigen Krach
11 incendiar a/c: prender fuego a/c
12 modoso/-a: decente, bien educado/-a
13 de guasa: *hier* als Scherznummer
14 la tafeta: Taft (Stoff)
15 el velo: Brautschleier

regresar el viernes entrante y ver cuántas promesas se habían cumplido.

Pero a la salida de la discoteca estaban Villarreal el mozo del patrón Don Leonardo Barroso y Beltrán Herrera el líder y amante de Candelaria, el hombre sereno, moreno, cano, con ojos tiernos, ahora más tiernos que nunca detrás de los espejuelos[1]. Tenía los bigotes mojados y tomó del brazo a Candelaria, le dijo algo al oído, Candelaria se tapó la mano con la boca para sofocar[2] el grito, o quizás el llanto, pero era una vieja muy entera[3], muy a toda madre[4], inteligente, fuerte y discreta, y sólo les dijo a Marina y Rosa Lupe, —Algo espantoso ha sucedido.

—¿A quién, dónde?

—A la Dinorah. Vamos que vuela[5] de regreso al cantón[6].

Se subieron de prisa al auto del líder Herrera, y Villarreal repitió la historia que había oído en la oficina de don Leonardo Barroso, iban a arrasar[7] la colonia Bellavista para hacer fábricas, iban a comprar los terrenos por dos tlacos[8] y a venderlos en millones, ¿qué iban a hacer ellos, tenían armas para impedir el despojo[9], para sacarle raja[10] al asunto, para demandar que ellos también salieran beneficiados?

—Pero si las casas no son nuestras —dijo la Candelaria.

—Podemos organizarnos como inquilinos[11] y dificultar la venta —argumentó Beltrán Herrera.

—Ni siquiera los terrenos son nuestros, Beltrán.

---

1 los espejuelos: *fam.* las gafas
2 sofocar a/c: etw. unterdrücken
3 entero/-a: firme, honrado/-a
4 a toda madre: *mex.* estupendo/-a
5 que vuela: *etwa* wie der Wind, ganz schnell
6 ir al cantón: *mex.* ir a casa
7 arrasar a/c: etw. niederreißen
8 por dos tlacos: por muy poco dinero
9 el despojo: *aquí* el robo
10 sacar raja a a/c: sacar provecho de a/c
11 el/la inquilino/-a: persona que alquila un piso o una casa

—Tenemos derechos. Podemos negarnos a desalojar[1] hasta que nos compensen en la medida de lo que ellos van a ganar.

—Lo que van a hacer es corrernos de las maquilas a todas...

—Ya estuvo suave[2] de dejarnos —dijo Rosa Lupe sin entender muy bien de qué se trataba, hablando sólo para no dar su brazo a torcer[3] y pedir que le aclararan la pregunta ansiosa en los ojos de Marina: ¿Qué hubo con la Dinorah?

—Se te agradece la lealtad —Herrera apretó el hombro de Villarreal, que iba conduciendo, su cola de caballo al aire—. A ver si no te cuesta caro[4].

—No es la primera vez que te informo, Beltrán —dijo el camarero.

—Pero éstas son palabras mayores[5]. Vamos a organizarnos de una vez por todas, pasa la palabra.

—Las muchachas pocas veces jalan[6] —meneó la cabeza Villarreal—. En cambio si fueran hombres...

—¿Y yo? —dijo fuerte Candelaria—. No seas tan macho, Villarreal.

Herrera suspiró y abrazó a Candelaria, mirando el paisaje nocturno, las luces brillantes del lado americano, la ausencia de alumbrado público[7] del lado mexicano: bosques, textiles, minería, dijo, frutas, todo se acabó a favor de la maquila, todas las riquezas de Chihuahua, olvidadas.

Que no nos daban para comer ni la quinta parte del trabajo de hoy —le alegó su Candelaria—. ¡Iguanas ranas![8]

—¿Tú sí crees que las muchachas van a jalar? —Herrera juntó su cabeza cana a la muy negra y restirada de la Candelaria.

---

1 desalojar: abandonar un lugar
2 estar suave de hacer a/c: *etwa* jetzt reichts aber...
3 no dar su brazo a torcer: *loc.* sich nicht unterkriegen lassen
4 costar (o→ue) caro a alg.: jdn. teuer zu stehen kommen
5 son palabras mayores: *aquí* es un asunto muy importante
6 jalar: *hier* mitziehen, mitmachen
7 el alumbrado público: Straßenbeleuchtung
8 ¡Iguanas ranas!: *mex.* ¡Así es!

—Sí —colgó la cabeza[1] la Candelaria—. Esta vez sí van a jalar, apenas[2] se enteren.

—La casa nunca está limpia —iba diciendo Dinorah sentada en una banca dura de su choza de terregal[3]—. No tengo tiempo. Son pocas horas de sueño.

Los vecinos se habían juntado afuera de la casucha, algunos entraron a consolar a Dinorah, las mujeres más viejas hablaban de un velorio[4] muy bonito para el niño, sus flores, su cajita[5] blanca, como en los viejos tiempos, como en las rancherías: Candelaria trajo unas velas pero no encontró más que dos botellas de Coca Cola para ensartarlas[6].

Los viejos llegaron también, se juntó todo el barrio y el padre de la Candelaria, detenido en el quicio[7] de la puerta, se preguntó en voz alta si habían hecho bien en venirse a trabajar a Juárez, donde una mujer tenía que dejar solo a un niñito, amarrado[8] como un animal a la pata de una mesa, el inocente, cómo no se iba a perjudicar[9], cómo no. Todos los rucos[10] comentaron que eso en el campo no pasaría, las familias allí siempre tenían quién cuidara a los niños, no era necesario amarrarlos, las cuerdas eran para los perros y los marranos[11].

—Mi padre me decía —repitió el abuelo de Candelaria— que nos quedáramos sosegados[12] en nuestra casa, en un solo lugar. Se paraba como yo estoy parado, mitá juera mitá dentro, y decía: «Fuera de esta puerta el mundo se acaba.»

1 colgar la cabeza: decir que sí con la cabeza
2 apenas: *aquí* cuando
3 la choza de terregal: *mex. etwa* verstaubte Hütte
4 el velorio: Totenwache
5 la cajita: *hier* Kindersarg
6 ensartar a/c: *hier* etw. aufstellen
7 en el quicio de la puerta: *hier* an der Türschwelle
8 amarrar: festbinden
9 perjudicarse: sich schaden, Schaden nehmen
10 el/la ruco/-a: *mex.* el/la anciano/-a
11 el marrano: el cerdo
12 me decía que nos quedáramos sosegados en nuestra casa: *etwa* er sagte mir, dass wir schön zuhause bleiben sollten

Dijo que él estaba muy viejo y ya no quería ver nada más.

Marina, llorando, sin saber cómo consolar a Dinorah, oyó al abuelo de Candelaria y dio gracias de que en su casa no había recuerdos, ella era sola y más valía seguir sola en esta vida que pasar las penas de los que tenían hijos y sufrían como la pobrecita de Dinorah, toda despeinada y escurrida[1] y con el vestido rojo trepado hasta los muslos[2], arrugado[3], y con las rodillas juntas, y las piernas chuecas[4], ella tan cuidada y coqueta de por sí[5].

Entonces Marina, viendo la terrible escena de muerte y llanto y memorias, pensó que no era cierto, ella no estaba sola, tenía a Rolando, aunque lo compartiera con otras, Rolando le haría el favor de llevarla al mar, a algún lado, a San Diego en California o a Corpus Christi en Texas, o de perdida[6] a Guaymas en Sonora, se lo debía, ella no pedía otra cosa más que ir por primera vez a ver el mar con Rolando, después de eso que la dejara, que la tratara de abusiva[7], pero que le hiciera ese solo favorcito...

Salió de la casucha de la Dinorah oyendo al abuelo hablar de una fiesta para el niño ahorcado[8], y como para levantarle el ánimo a todos mandó traer de beber y dijo:

—Lo bueno de las damajuanas[9] es que parecen llenas hasta cuando están vacías.

Marina hurgó[10] en su bolsita de mano y encontró el número del celular de Rolando. Qué le importaba comprometerse[11]. Éste era asunto de vida o muerte. Él tenía que saber que ella dependía de él para una sola cosa, para llevarla a ver el mar, para no decir como

---

1 escurrido/-a: *etwa* in Tränen aufgelöst
2 trepado hasta los muslos: bis zu den Schenkeln hochgeschoben
3 arrugado/-a: zerknittert
4 chueco/-a: *lat. am.* krumm, verdreht
5 de por sí: *aquí* normalmente
6 de pérdida: *hier* zumindest
7 tratar a alg. de abusivo/-a: *hier* jdn. unverschämt finden
8 ahorcado/-a: *hier* stranguliert, erstickt
9 la damajuana: Korbflasche
10 hurgar en a/c: in etw. herumwühlen
11 comprometerse: ponerse en una situación de peligro

el abuelo de la Candelaria que ya no quería ver nada más. Marcó el número pero le dio un tono ocupado seguido de un tono muerto[1] y éste le hizo creer que él la escuchaba pero no le contestaba para no comprometerla, ¿qué tal si la escuchaba cuando ella le decía llévame al mar, mi amor, no quiero morirme como el hijito de la Dinorah sin ver el mar, hazme ese favorcito aunque después ya no me veas y nos separemos? pero el silencio del teléfono la iba decepcionando y enardeciendo[2] al mismo tiempo, Rolando no debía jugar con ella, ella se estaba comprometiendo, ¿por qué no se comprometía él un poquito también?, ella le estaba dando la salida, juntar todo el amor que pudieran sentir cada uno por el otro en un solo fin de semana en la playa, y ya no verse más, si él no quería, pero lo que no aguanto más, dijo Marina dando voz a algo que desconocía, algo que ella misma no sabía que estaba allí dentro de ella, algo que se había ido formando en silencio, como el sedimento[3] de una botella que al agitarse sube hasta el corcho[4], lo que no aguanto más es que ningún hombre me tome como algo que encontró tirado en la calle y que recoge sólo porque siente pena, eso nunca más voy a consentirlo, Rolando, tú me enseñaste la vida, yo no sabía todo lo que me has enseñado hasta este momento en que se murió el hijito de la Dinorah y el abuelo de la Candelaria sigue allí seco y viejo y con la raíz de fuera[5], como si nunca se fuera a morir, y yo sólo quiero vivir mucho este momento en que me salvé de morir niña y no quiero llegar a vieja, ahora te pido que me levantes hasta tu altura, Rolando, vamos subiendo los dos juntos, yo te doy ese chance, mi amor, yo sé muy adentro que conmigo vas a subir y me vas a llevar a lo alto y lo bonito, si quieres, Rolando, y si no lo haces los dos nos vamos a dar en toda la madre[6], nos vas a rebajar[7] hasta no saber ya ni quiénes

---

1   un tono muerto: *etwa* langgezogener Ton
2   enardecer a alg.: irritar a alg., enfadar a alg.
3   el sedimento: Bodensatz
4   el corcho: tapón para las botellas de vino
5   con la raíz de fuera: *etwa* entwurzelt, mit den Wurzeln an der Luft
6   nos vamos a dar en toda la madre: *mex. vulg.* dann sind wir übel dran
7   rebajar a alg.: humillar a alg.

somos, nos vamos a rebajar hasta no importamos más a nosotros mismos...

Pero el celular de Rolando nunca contestó. Eran las once de la noche y Marina tomó su decisión.

Esta vez no se detuvo a tomarse una malteada en la fuente de sodas, cruzó el puente, cogió el bus y caminó las cuatro cuadras al motel. La conocían pero les extrañó que viniera en viernes, no en jueves.

—¿No somos libres de cambiar, oiga?

—Supongo que sí —dijo el recepcionista con resignación e ironía mezcladas, y le entregó una llave a Marina.

Olía a desinfectante, los pasillos, las escaleras, hasta las dispensadoras[1] de hielo y refrescos olían a algo que mata bichos[2], limpia excusados[3], fumiga[4] colchones. Se detuvo ante la puerta de la recámara[5] que compartía los jueves con Rolando y dudó entre tocar con los nudillos[6] o meter la llave y entrar. Iba bien acelerada[7]. Metió la llave, abrió, entró y escuchó la voz agónica[8] de Rolando, la voz tipluda[9] de la gringa, Marina encendió la luz y se quedó allí mirándolos desnudos en la cama.

—Ya viste. Ya lárgate[10] —le dijo el galán.

—Perdóname. Es que te estuve llamando por el celular. Pasó algo que...

Miró el aparato sobre el buró[11] y lo señaló con el dedo. La gringa los miró a los dos y se soltó riendo[12].

---

1 la [máquina] dispensadora de hilo y refrescos: Eis- und Getränkeautomat
2 los bichos *(pl.): fam.* Ungeziefer
3 el excusado: los servicios
4 fumigar: ausräuchern
5 la recámara: *lat. am.* el dormitorio
6 el nudillo: Fingerknöchel
7 ir bien acelerada: tener mucha prisa
8 agónico/-a: *hier* röchelnd, stöhnend
9 tipludo/-a: sehr hoch, schrill
10 ya viste, ya lárgate: *etwa* jetzt hast du's gesehen, also hau' ab
11 el buró: *lat. am.* la mesa de noche
12 soltarse riendo: empezar a reír

—Rolando, ¿has engañado a esta pobre muchacha? —dijo a carcajadas[1] recogiendo el celular—. Por lo menos a tus queridas les puedes decir la verdad. Está bien que entres a bancos y oficinas públicas con tu celular en el oído, o que hables en él en un restorán y apantalles[2] a medio mundo, ¿pero para qué engañar a tus novias?, mira nomás las confusiones que creas, cariño —dijo la gringa poniéndose de pie y empezando a vestirse.

—Baby, no interrumpas... Tan bien que íbamos... Esta niña no es nadie...

—¿No soportas perder una sola oportunidad, no es cierto? —la gringa se acomodó el pantymedias[3]—. No te preocupes. Volveré. No era tan importante como para que rompa contigo[4].

Baby recogió el celular, lo abrió por detrás y se lo enseñó a Marina.

—Mira. No tiene pilas[5]. No las ha tenido nunca. Es nomás para apantallar, o como dice una canción, «llámame a mi celular, parezco influyente, me da personalidad, aunque no tiene baterías, para apantallar...»

Tiró el aparato sobre la cama y salió riendo fuerte.

Marina cruzó el puente internacional de regreso a Ciudad Juárez. Tenía cansados los pies y se quitó los zapatos de tacones altos y picudos. El pavimento[6] aún guardaba el temblor frío del día.

Pero la sensación de los pies no era la misma que cuando bailó libremente sobre el césped prohibido de la fábrica maquiladora de don Leonardo Barroso.

—Esta ciudad es el desmadre[7] montado sobre el caos —le dijo Barroso a su nuera[8] Michelina cuando se cruzaron con Marina, ella

---

1 [reírse] a carcajadas: schallend lachen
2 apantallar a alg.: *mex.* impresionar a alg.
3 el pantymedias: Strumpfhose
4 romper con alg.: mit jdm. Schluss machen
5 la pila: Batterie, *hier* Akku
6 el pavimento: el asfalto
7 el desmadre: *fam.* el exceso, el desorden
8 la nuera: Schwiegertochter

de regreso a Juárez, ellos a su hotel en El Paso. Michelina rió y le besó la oreja al empresario.

→ *Tareas E*

Tarea continua:

«Malintzin de las *maquilas*». Al leer el relato y realizar las tareas siguientes, juntad paulatinamente la información que se da de la industria maquiladora y analizad la imagen que se crea de ella.

Tareas A

1. Reunid la información sobre Marina, la protagonista, y su amiga Dinorah en una tabla.
2. ¿Qué impresión tienes de Rolando, el novio de Marina? Justifica tu respuesta con referencias textuales.

Tareas B

1. Completad la tabla con la información sobre Rosa Lupe y la Candelaria. Luego comparad a las cuatro mujeres y sus circunstancias de vida.
2. Describe la maquiladora donde trabajan las cuatro mujeres y expón la información que se da sobre las condiciones laborales.
3. Partiendo de los resultados de las tareas anteriores, explica la metáfora de las «princesitas inocentes» en un lugar «llen[o] de ogros» (p. 14, l. 15).
   Trabajo en grupos:
4. Sois un equipo de periodistas que está investigando sobre la industria maquiladora en el norte de México. Por eso les hacéis una entrevista a Marina, Dinorah, Rosa Lupe y la Candelaria. Queréis saber sobre todo por qué dejaron sus pueblos, en qué circunstancias viven ahora y qué opinan de las condiciones laborales. Redactad la entrevista partiendo de la información del texto.

Tareas C

1. Basándote en el texto, haz un dibujo que represente a Leonardo Barroso como empresario.
   Alternativa: Retrata a Leonardo Barroso como empresario.
2. Explica –partiendo de tu dibujo– el efecto que te provoca la representación de Leonardo Barroso.

Tareas D

1. Describe y comenta la relación amorosa entre Marina y Rolando.
2. Analiza la perspectiva narrativa desde la que el narrador presenta esta relación y explica el efecto que genera en el lector.

Tareas E

1. Resume el desenlace trágico del relato: (a) la tragedia que vive Dinorah y (b) la decepción que se lleva Marina.
2. Al final, el narrador destaca que Marina «se quit[a] los zapatos de tacones altos y picudos» (p. 40, ll. 20–21). ¿Cómo explicaríais esta observación?

Carlos Fuentes
La frontera de cristal

1

En la primera clase del vuelo sin escalas[1] de Delta de la ciudad de México a Nueva York, viajaba don Leonardo Barroso. Lo acompañaba una bellísima mujer de melena[2] negra, larga y lustrosa. La cabellera[3] parecía el marco de una llamativa barba partida[4], la estrella de este rostro. Don Leonardo, a los cincuenta y tantos años, se sentía orgulloso de su compañía femenina. Ella iba sentada junto a la ventana y se adivinaba a sí misma[5] en el accidente[6], la variedad, la belleza y la lejanía del paisaje y el cielo. Sus enamorados siempre le habían dicho que tenía párpados[7] de nube y una ligera borrasca en las ojeras[8]. Los novios mexicanos hablan como serenata[9].

Lo mismo miraba Michelina desde el cielo, recordando las épocas de la adolescencia cuando sus novios le llevaban gallo[10] y le escribían cartas almibaradas[11]. Párpados de nube, ligera borrasca en las ojeras. Suspiró. No se podía tener quince años toda la vida. ¿Por qué, entonces, le regresaba súbitamente la nostalgia indeseada de

---

1 el vuelo sin escalas: Direktflug
2 la melena: el pelo largo
3 la cabellera: el pelo largo
4 la barba partida: *hier* Grübchen (am Kinn)
5 se adivinaba a sí misma: *etwa* sie erahnte sich selbst
6 el accidente: *hier* Relief der Landschaft
7 el párpado: Augenlid
8 una ligera borrasca en las ojeras: *fig. etwa* eine Augenpartie wie ein sanfter Regenschauer
9 la serenata: Serenade (Abendständchen)
10 llevarle gallo a alg.: jdm. ein Ständchen bringen
11 almibarado/-a: aufdringlich

su juventud, cuando iba a bailes y la cortejaban[1] los niños bien[2] de la sociedad capitalina[3]?

Don Leonardo prefería sentarse junto al pasillo. A pesar de la costumbre, le seguía poniendo nervioso la idea de ir metido en un lápiz de aluminio a treinta mil pies de altura y sin visible sostén[4]. En cambio, le satisfacía enormemente que este viaje fuese el producto de su iniciativa.

Apenas aprobado el Tratado de Libre Comercio, don Leonardo inició un intenso cabildeo[5] para que la migración obrera de México a los Estados Unidos fuese clasificada como «servicios», incluso como «comercio exterior».

En Washington y en México, el dinámico promotor y hombre de negocios explicó que la principal exportación de México no eran productos agrícolas o industriales, ni maquilas, ni siquiera capital para pagar la deuda externa[6] (la deuda eterna), sino trabajo. Exportábamos trabajo más que cemento o jitomates[7]. Él tenía un plan para evitar que el trabajo se convirtiera en un conflicto. Muy sencillo: evitar el paso por la frontera. Evitar la ilegalidad.

—Van a seguir viniendo —le explicó al Secretario del Trabajo[8] Robert Reich[9]—. Y van a venir porque ustedes los necesitan. Aunque en México sobre empleo, ustedes necesitarán trabajadores mexicanos.

—Legales —dijo el secretario—. Legales sí, ilegales no.

---

1 cortejar a alg.: jdm. den Hof machen, jdn. umwerben
2 el niño bien: *etwa* Sohn einer angesehenen Familie
3 capitalino/-a: relativo a la capital, la Ciudad de México
4 el sostén: Halt, Stütze
5 el cabildeo: geschicktes Taktieren, Lobbyarbeit
6 la deuda externa: Auslandsschulden
7 el jitomate: *mex.* el tomate
8 el/la secretario/-a: *lat. am.* el/la ministro/-a
9 Robert Reich fue Ministro de Trabajo durante el gobierno de Bill Clinton, entre 1993 y 1997

—No se puede creer en el libre mercado y en seguida cerrarle las puertas al flujo laboral[1]. Es como si se lo cerraran a las inversiones. ¿Qué pasó con la magia del mercado?

—Tenemos el deber de proteger nuestras fronteras —continuó Reich—. Es un problema político. Los Republicanos están explotando el creciente ánimo[2] contra los inmigrantes.

—No se puede militarizar la frontera —don Leonardo se rascó con displicencia[3] la barbilla, buscando allí la misma hendidura[4] de la belleza de su nuera[5]—. Es demasiado larga, desértica[6], porosa. No pueden ustedes ser laxos cuando necesitan a los trabajadores y duros cuando no los necesitan.

—Yo estoy a favor de todo lo que añada valor a la economía norteamericana —dijo el secretario Reich—. Sólo así vamos a añadir valor a la economía del mundo – o viceversa—. ¿Qué propone usted?

Lo que propuso don Leonardo era ya una realidad y viajaba en clase económica. Se llamaba Lisandro Chávez y trataba de mirar por la ventanilla pero se lo impedía su compañero de la derecha que miraba intensamente a las nubes como si recobrara[7] una patria olvidada y cubría la ventanilla con las alas[8] de su sombrero de paja laqueada[9]. A la izquierda de Lisandro, otro trabajador dormía con el sombrero empujado hasta el caballete de la nariz[10]. Sólo Lisandro viajaba sin sombrero y se pasaba la mano por la cabellera negra, suave, rizada, se acariciaba el bigote espeso y recortado, se restregaba[11] de vez en cuando los párpados gruesos, aceitosos.

1 el flujo laboral: Zustrom, Bewegung der Arbeitskräfte
2 el ánimo: *hier* Feindseligkeit
3 con displicencia: missmutig
4 la hendidura: Spalte; *hier* Grübchen
5 la nuera: Schwiegertochter
6 desértico/-a: *hier* menschenleer, öde, wüst
7 recobrar a/c: *aquí* descubrir
8 el ala *f*: Flügel
9 el sombrero de paja laqueada: mit Lack bestrichener Strohhut
10 el caballete de la nariz: Nasenrücken
11 restregarse a/c: sich etw. reiben

Cuando subió al avión vio enseguida al famoso empresario Leonardo Barroso sentado en la primera clase. El corazón le dio un pequeño salto a Lisandro. Reconoció sentada junto a Barroso a una muchacha que él trató de joven[1], cuando iba a fiestas y bailes en las Lomas, el Pedregal y Polanco. Era Michelina Laborde y todos los muchachos querían sacarla a bailar. Querían, en realidad, abusar[2] un poco de ella.

—Es de la rancia[3] pero no tiene un clavo[4] —decían los demás muchachos—. Abusado[5]. No te vayas a casar con ella. No hay dote[6].

Lisandro la sacó a bailar una vez y ya no se acuerda si se lo dijo o sólo lo pensó, que los dos eran pobres, tenían eso en común, eran invitados a estas fiestas porque ella era de una familia popoff[7] y él porque iba a la misma escuela que los chicos ricos, pero era más lo que los asemejaba[8] que lo que los diferenciaba, ¿no le parecía a ella?

Él no recuerda qué cosa le contestó Michelina, no recuerda siquiera si él le dijo esto en voz alta o sólo lo pensó. Luego otros la sacaron a bailar y él nunca la volvió a ver. Hasta hoy.

No se atrevió a saludarla. ¿Cómo lo iba a recordar? ¿Qué le iba a decir? ¿Recuerdas que hace once años nos conocimos en una fiesta del Cachetón Casillas y te saqué a bailar? Ella ni lo miró. Don Leonardo sí, levantó los ojos de su lectura de la revista Fortune, donde se llevaba la cuenta minuciosa de los hombres más ricos de México y, por fortuna, una vez más, se le omitía[9] a él. Ni él ni los políticos ricos aparecían nunca. Los políticos porque ningún negocio suyo llevaba su nombre, se escondían detrás de las capas de cebolla de múltiples asociados, prestanombres[10], fundaciones... Don Leonardo

1 que él trató de joven: *hier* die er als junger Mann gekannt hatte
2 abusar de alg.: *hier* mit jdm. angeben
3 ser de la rancia: pertenecer a una familia vieja e influyente
4 no tener un clavo: *loc.* ser probre
5 abusado: *aquí* cuidado
6 el dote: Mitgift
7 popoff: *mex. fam.* vornehm
8 lo que los asemejaba: *hier* was sie gemeinsam hatten
9 omitir a alg.: no mencionar a alg., no hablar de alg.
10 el prestanombre: *etwa* Strohmann

los había imitado. Era difícil atribuirle directamente la riqueza que realmente era suya.

Levantó la mirada porque vio o sintió a alguien distinto. Desde que empezaron a subir los trabajadores contratados como servicios[1], don Leonardo primero se congratuló a sí mismo del éxito de sus gestiones, luego admitió que le molestaba ver el paso por la primera clase de tanto prieto[2] con sombrero de paja laqueada, y por eso dejó de mirarlos. Otros aviones tenían dos entradas, una por delante, otra por atrás. Era un poco irritante pagar primera clase y tener que soportar el paso de gente mal vestida, mal lavada...

Algo le obligó a mirar y fue el paso de Lisandro Chávez, que no llevaba sombrero, que parecía de otra clase, que tenía un perfil diferente y que venía preparado para el frío de diciembre en Nueva York. Los demás iban con ropa de mezclilla[3]. No les habían avisado que en Nueva York hacía frío. Lisandro tenía puesta una chamarra[4] de cuadros negros y colorados, de lana, con zipper[5] hasta la garganta. Don Leonardo siguió leyendo Fortune. Michelina Laborde de Barroso bebió lentamente su copa de Mimosa[6].

Lisandro Chávez decidió cerrar los ojos el resto del viaje. Pidió que no le sirvieran la comida, que lo dejaran dormir. La azafata lo miró perpleja. Eso sólo se lo piden en primera clase. Quiso ser amable: —Nuestro pilaf de arroz[7] es excelente. En realidad, una pregunta insistente como un mosquito de acero le taladraba[8] la frente a Lisandro: ¿Qué hago yo aquí? Yo no debía estar haciendo esto. Éste no soy yo.

---

1 como servicios: *hier* als Dienstleistungspersonal
2 el prieto: *aquí* gente pobre de piel morena, mestizos
3 la ropa de mezclilla: *lat. am.* Jeanskleidung
4 la chamarra: Parka, dicke Jacke
5 el zipper *(ingl.)*: Reißverschluss
6 Mimosa: bebida alcohólica compuesta por una parte de champán y una parte de zumo de naranja
7 el pilaf de arroz: Reispilaw (asiatisches Reisgericht)
8 una pregunta insistente [...] le taladraba la frente: *etwa* eine bohrende Frage beschäftigte ihn

Yo —el que no estaba allí— había tenido otras ambiciones y hasta la secundaria su familia se las pudo fomentar[1]. La fábrica de gaseosas[2] de su padre prosperaba y siendo México un país caliente, siempre se consumirían refrescos. Mientras más refrescos, más oportunidades para mandar a Lisandro a escuelas privadas, engancharse[3] con una hipoteca para la casa en la Colonia Cuauhtémoc, pagar las mensualidades[4] del Chevrolet y mantener la flotilla[5] de camiones repartidores. Ir a Houston una vez al año, aunque fuera un par de días, pasearse por los shopping malls, decir que se habían internado para su chequeo médico anual… Lisandro caía bien[6], iba a fiestas, leía a García Márquez, con suerte el año entrante dejaría de viajar en camión[7] a la escuela, tendría su propio Volkswagen…

No quiso mirar hacia abajo porque temía descubrir algo horrible que quizás sólo desde el cielo podía verse; ya no había país, ya no había México, el país era una ficción o, más bien, un sueño mantenido por un puñado de locos que alguna vez creyeron en la existencia de México… Una familia como la suya no iba a aguantar veinte años de crisis, deuda, quiebra[8], esperanzas renovadas sólo para caer de nueva cuenta en la crisis, cada seis años, cada vez más, la pobreza, el desempleo… Su padre ya no pudo pagar sus deudas en dólares para renovar la fábrica, la venta de refrescos se concentró y consolidó en un par de monopolios, los fabricantes independientes, los industriales pequeños, tuvieron que malbaratar[9] y salirse del mercado, ahora qué trabajo voy a hacer, se decía su padre caminando como espectro[10] por el apartamento de la Narvarte cuando ya no fue posible pagar la hipoteca de la Cuauhté-

---

1 fomentar a/c: apoyar a/c
2 la fábrica de gaseosas: Limonadenfabrik
3 engancharse con una hipoteca: *hier* einen Kredit aufnehmen
4 la mensualidad: Monatsrate
5 la flotilla: *hier* Fuhrpark
6 caer bien: *aquí* ser popular
7 el camión: *mex.* el autobús
8 la quiebra: Konkurs, Bankrott
9 malbaratar: *hier* zu Schleuderpreisen verkaufen
10 el espectro: el fantasma

moc, cuando ya no fue posible pagar la mensualidad del Chevrolet, cuando su madre tuvo que anunciar en la ventana SE HACE COSTURA[1], cuando los ahorritos se evaporaron primero por la inflación del 85 y luego por la devaluación[2] del 95 y siempre por las deudas acumuladas, impagables, fin de escuelas privadas, ni ilusiones de tener coche propio, tu tío Roberto tiene buena voz, se gana unos pesos cantando y tocando la guitarra en una esquina, pero todavía no caemos tan bajo, Lisandro, todavía no tenemos que ir a ofrecernos como destajo[3] frente a la Catedral con las herramientas en la mano y el anuncio de nuestra profesión en un cartelito PLOMERO[4] CARPINTERO MECÁNICO ELECTRICISTA ALBAÑIL[5], todavía no caemos tan bajo como los hijos de nuestros antiguos criados[6], que han tenido que irse a las calles, interrumpir la escuela, vestirse de payasos[7] y pintarse la cara de blanco y tirar pelotitas al aire en el crucero[8] de Insurgentes y Reforma, ¿recuerdas el hijo de la Rosita, que jugabas con él cuando nació aquí en la casa?, bueno, digo en la casa que teníamos antes en Río Nazas, pues ya se murió, creo que se llamaba Lisandro como tú, claro, se lo pusieron para que fuéramos los padrinos[9], tuvo que salirse de su casa a los diecisiete años y se volvió tragafuegos[10] en los cruceros, se pintó dos lágrimas negras en la cara y tragó fuego durante un año, haciendo buches de gasolina[11], metiéndose una estopa[12] ardiente en la garganta, hasta que se le desbarató el cerebro[13], Lisandro, el cerebro se le deshizo, se volvió

---

1 la costura: *hier* Näharbeiten
2 la devaluación: Geldabwertung
3 como destajo: *hier* als Gelegenheitsarbeiter, als Tagelöhner
4 el plomero: *hier* Klempner
5 el albañil: Maurer
6 el/la criado/-a: persona que trabaja en el servicio doméstico
7 el/la payaso/-a: Clown
8 el crucero: lugar donde se cruzan calles o caminos
9 el padrino/la madrina: Taufpate/-in
10 el tragafuegos: Feuerschlucker
11 hacer buches de gasolina: *etwa* Benzin in den Mund nehmen
12 la estopa: Flachstuch, Wergtuch
13 hasta que se le desbarató el cerebro: *etwa* bis ihm das Gehirn platzte

como una masa de harina[1], y eso que era el más grande de la familia, la esperanza, ahora los más chiquitos venden kleenex, chicles, me contó desesperada Rosita nuestra criada, te acuerdas de ella, que la lucha con los más pequeños es que no empiecen a inhalar goma[2] para atarantarse[3] de trabajar en las calles, con bandas de niños sin techo que compiten con los perros callejeros en número, en hambre, en olvido: Lisandro, ¿qué le va a decir una madre a unos niños que salen a la calle para mantenerla a ella, para traer algo a la casa?, Lisandro, mira tu ciudad hundiéndose en el olvido de lo que fue pero sobre todo en el olvido de lo que quiso ser: no tengo derecho a nada, se dijo un día Lisandro Chávez, tengo que unirme al sacrificio de todos, al país sacrificado, mal gobernado, corrupto, insensible, tengo que olvidar mis ilusiones, ganar lana[4], socorrer a mis jefes[5], hacer lo que menos me humille, un trabajo honesto, un trabajo que me salve del desprecio hacia mis padres, del rencor[6] hacia mi país, de la vergüenza de mí mismo pero también de la burla de mis amigos; llevaba años tratando de juntar cabos[7], tratando de olvidar las ilusiones del pasado, despojándose[8] de las ambiciones del futuro, contagiándose de la fatalidad[9], defendiéndose del resentimiento, orgullosamente humillado en su tesón[10] de salir adelante a pesar de todo: Lisandro Chávez, veintiséis años, ilusiones perdidas, y ahora nueva oportunidad, ir a Nueva York como trabajador de servicios, sin saber que don Leonardo Barroso había dicho:

—¿Por qué todos tan prietos, tan de a tiro nacos[11]?

---

1 como una masa de harina: *etwa* wie Brotteig
2 inhalar goma: Klebstoff schnüffeln
3 atarantarse: *mex.* sich betäuben, sich benebeln
4 la lana: *fam.* el dinero
5 los jefes: *mex.* los padres
6 el rencor: Groll
7 juntar cabos: *hier* klarkommen, wieder auf die Beine kommen
8 despojarse de a/c: sich einer Sache entledigen, etw. abstreifen
9 contagiarse de la fatalidad: *hier* sein Schicksal annehmen
10 el tesón: *hier* Bestreben
11 [de a tiro] naco/-a: *mex.* indio/-a; de rasgos indígenas

—Son la mayoría, don Leonardo. El país no da para más[1].
—Pues a ver si me buscan uno por lo menos con más cara de gente decente, más criollito[2], pues, me lleva[3]. Es el primer viaje a Nueva York. ¿Qué clase de impresión vamos a hacer, compañero?

Y ahora, cuando Lisandro pasó por la primera clase, don Leonardo lo miró y no se imaginó que era uno de los trabajadores contratados y deseó que todos fueran como este muchacho obrero pero con cara de gente decente, con facciones[4] finas pero un mostachón[5] como de mariachi bien dotado[6] y, caray, menos moreno que el propio Leonardo Barroso. Distinto, se fijó el millonario, un muchacho distinto, ¿no se te hace[7], Miche? Pero su nuera y amante ya se había dormido.

2

Cuando aterrizaron en JFK[8] en medio de una tormenta de nieve, Barroso quiso bajar cuanto antes, pero Michelina estaba acurrucada[9] junto a la ventanilla, cubierta por una colcha[10] y con la cabeza acomodada en una almohada. Se hizo la remolona[11]. Deja que bajen todos, le pidió a don Leonardo.

Él quería salir antes para saludar a los encargados de reunir a los trabajadores mexicanos contratados para limpiar varios edificios de Manhattan durante el fin de semana, cuando las oficinas estaban vacías. El contrato de servicios lo hacía explícito[12]: vendrán

---

1 no dar para más: nicht mehr hergeben
2 criollo/-a (*dim.* criollito/-a): *aquí* blanco/-a; de rasgos europeos
3 pues, me lleva: *hier etwa* zum Donnerwetter!
4 las facciones: los rasgos de la cara
5 el mostachón: el bigote
6 bien dotado: *hier* stattlich
7 ¿no se te hace?: *etwa* meinst du nicht?
8 JFK: el aeropuerto internacional John F. Kennedy (Nueva York)
9 acurrucado/-a: zusammengekuschelt
10 la colcha: la manta
11 hacerse el/la remolón/-ona: sich träge geben, den Faulpelz spielen
12 explícito/-a: muy claro

de México a Nueva York los viernes en la noche para trabajar los sábados y domingos, regresando a la ciudad de México los domingos por la noche.

—Con todo y los pasajes de avión, sale más barato que contratar trabajadores aquí en Manhattan. Nos ahorramos entre el 25 y el 30 por ciento —le explicaron sus socios gringos.

→ *Tareas A*

Pero se les había olvidado decirles a los mexicanos que hacía frío y por eso don Leonardo, admirado de su propio humanismo, quería bajar primero para advertir que estos muchachos requerían[1] chamarras, mantas, alguna cosa.

Empezaron a pasar y la verdad es que había de todo. Don Leonardo duplicó su orgullo humanitario y, ahora, nacionalista. El país estaba tan amolado[2], después de haber creído que ya la había hecho[3]; soñamos que éramos del primer mundo y amanecimos[4] otra vez en el tercer mundo. Hora de trabajar más por México, no desanimarse, encontrar nuevas soluciones. Como ésta. Había de todo, no sólo el muchacho bigotón con la chamarra a cuadros, otros también en los que el empresario no se había fijado porque el estereotipo del espalda mojada[5], campesino con sombrero laqueado y bigote ralo, se lo devoraba[6] todo. Ahora empezó a distinguirlos, a individualizarlos, a devolverles su personalidad, dueño como lo era de cuarenta años de tratar con obreros, gerentes, profesionistas[7], burócratas, todos a su servicio, siempre a su servicio, nunca nadie

---

1 requerir (e→ie, i) a/c: necesitar a/c
2 amolado/-a: *mex.* en crisis, dañado/-a
3 después de haber creído que ya la había hecho: *etwa* nachdem es so aussah, als sei es schon geschafft
4 amanecer (c→zc): *aquí* despertarse
5 el espalda mojada: *mex.* el inmigrante mexicano ilegal
6 el estereotipo [del...] se lo devoraba todo: *etwa* das Klischee [vom...] überlagerte alles andere
7 el/la profesionista: *mex.* Freiberufler

por encima de él, ése era el lema[1] de su independencia, nadie, ni el presidente de la república, por encima de Leonardo Barroso, o como les decía a sus socios norteamericanos,

—I am my own man. I'm just like you, a selfmade man. I don't owe nobody nothing.

No le negaba esa distinción a nadie. Además del chico bigotón y guapo, Barroso quiso diferenciar a los jóvenes de provincia, vestidos de una cierta manera, más retrasados[2], pero también más llamativos y a veces más grises, que los chilangos[3] de la ciudad de México, y entre éstos, comenzó a separar de la manada[4] a muchachos que hace unos dos o tres años, cuando la euforia salinista[5], eran vistos comiendo en un Denny's[6], o de vacaciones en Puerto Vallarta, o en los multicines de Ciudad Satélite. Los distinguía porque eran los más tristes, aunque también los menos resignados, los que se preguntaban igualito que Lisandro Chávez, ¿qué hago aquí?, yo no pertenezco aquí. Sí, sí perteneces, les habría contestado Barroso, tan perteneces que en México aunque te arrastres de rodillas a la Villa de Guadalupe[7] ni por milagro te vas a ganar cien dólares por dos días de trabajo, cuatrocientos al mes, tres mil pesos mensuales, eso ni la virgencita te los da.

Los miró como cosa propia, su orgullo, sus hijos, su idea.

Michelina seguía con los ojos cerrados. No quería ver el paso de los trabajadores. Eran jóvenes. Estaban jodidos[8]. Pero ella se cansaba de viajar con Leonardo, al principio le gustó, le dio cachet[9], le

---

1 el lema: Devise, Leitgedanke
2 retrasado/-a: *hier* altmodisch
3 el/la chilango/-a: *mex.* el/la habitante de la Ciudad de México
4 la manada: *aquí* el grupo
5 salinista: durante el mandato de Carlos Salinas de Gortari, presidente de México de 1988 a 1994.
6 Denny's: große US-amerikanische Restaurantkette mit über 2600 Filialen, darunter auch mehrere in Mexiko
7 la Villa de Guadalupe: Basilika der Jungfrau von Guadalupe (röm.-kath. Marienheiligtum und Wallfahrtsort im Norden von Mexiko-Stadt)
8 estar jodido/-a: *vulg.* arm dran sein, am Arsch sein
9 dar cachet a alg.: *hier* jdn. aufwerten

costó el ostracismo[1] de algunos, la resignación de otros, la comprensión de su propia familia, nada disgustada, al cabo, con las comodidades que don Leonardo les ofrecía, sobre todo en estas épocas de crisis, ¿qué sería de ellos[2] sin Michelina?, ¿qué sería de la abuela doña Zarina que ya pasaba de los noventa y seguía juntando curiosidades en sus cajas de cartón, convencida de que Porfirio Díaz[3] era el presidente de la república?; ¿qué sería de su padre el diplomático de carrera que conocía todas las genealogías de los vinos de Borgoña y de los castillos del Loira?; ¿qué sería de su madre que necesitaba comodidades y dinero para hacer lo único que de verdad le apetecía: no abrir nunca la boca, ni siquiera para comer porque le daba vergüenza hacerlo en público?; ¿qué sería de sus hermanos atenidos[4] a la generosidad de Leonardo Barroso, a la chambita[5] por aquí, la concesión[6] por allá, el contratito este, la agencia aquella...? Pero ahora estaba cansada. No quería abrir los ojos. No quería encontrar los de ningún hombre joven. Su deber estaba con Leonardo[7]. No quería, sobre todo, pensar en su marido el hijo de Leonardo que no la extrañaba[8], que estaba feliz, aislado en el rancho, que no la culpaba de nada, de que anduviera con su papá...

Michelina empezó a temer la mirada de otro hombre.

Les dieron sus mantas que ellos usaron atávicamente[9] como sarapes[10] y los subieron en autobuses. Bastó sentir el frío entre la salida de la terminal y la subida al camión para agradecer la chamarra previsora, la ocasional bufanda, el calor de los demás cuerpos. Se buscaban e identificaban socialmente, era perceptible una

1 el ostracismo: *hier* Verachtung
2 ¿qué sería de ellos?: *etwa* was wäre aus ihnen geworden?
3 Porfirio Díaz: presidente de Mexico de 1876 a 1880 y de 1884 a 1911
4 atenido/-a a a/c: *hier* auf etw. angewiesen sein
5 la chamba (*dim.* chambita): *mex. fam.* el trabajo
6 la concesión: Zugeständnis, *hier* Geldzuwendung
7 su deber estaba con Leonardo: *etwa* Ihre Pflicht war es, Leonardo zur Seite zu stehen
8 extrañar a/c: *lat. am.* echar de menos a/c
9 atávicamente: *hier* wie früher, wie in alten Zeiten
10 el sarape: *mex.* Poncho

pesquisa[1] para ubicar[2] al compañero que pudiera parecerse a uno mismo, pensar igual, tener un territorio común. Con los campesinos, con los lugareños[3], siempre había un puente verbal, pero su condición era una especie de formalidad antiquísima[4], formas de cortesía que no lograban ocultar el patronazgo[5], aunque nunca faltaran los majaderos[6] que trataban como inferiores a los más humildes, tuteándolos, dándoles órdenes, regañándolos[7]. Eso era imposible aquí, ahora. Todos estaban amolados y la joda igualaba[8].

Entre ellos, los que no tenían cara ni atuendo[9] pueblerinos, se imponía también, por ahora, una reserva angustiosa[10], una de no admitir que estaban allí, que las cosas andaban tan mal en México, en sus casas, que no les quedaba más remedio que rendirse ante tres mil pesos mensuales por dos días de trabajo en Nueva York, una ciudad ajena, totalmente extraña, donde no era necesario intimar[11], correr el riesgo de la confesión, la burla, la incomprensión en el trato con los paisanos de uno.

Por eso un silencio tan frío como el del aire corría de fila en fila dentro del autobús donde se acomodaban[12] noventa y tres trabajadores mexicanos y Lisandro Chávez imaginó que todos, en realidad, aunque tuvieran cosas que contarse, estaban enmudecidos por la nieve, por el silencio que la nieve impone, por esa lluvia silenciosa de estrellas blancas que caen sin hacer ruido, disolviéndose en lo que tocan, regresando al agua que no tiene color. ¿Cómo era la ciu-

---

1 la pesquisa: Ermittlung; *hier* gegenseitiges Prüfen, Suche
2 ubicar a/c: *mex.* encontrar a/c
3 el/la lugareño/-a: Dorfbewohner/in, Provinzler/in
4 una especie de formalidad antiquísima: *etwa* eine gewisse uralte Förmlichkeit im Umgang miteinander
5 el patronazgo: *hist.* Patronatsverhältnis (Verhältnis zwischen einem Herrn und seinen Schutzbefohlenen)
6 el majadero: el idiota
7 regañar a alg.: jdn. ausschimpfen
8 la joda iguala: *vulg. etwa* in der Scheiße geht's allen gleich
9 el atuendo: la ropa
10 la reserva angustiosa: angstvolle Zurückhaltung
11 intimar: *hier* sich anfreunden, Beziehungen knüpfen
12 acomodarse: *hier* sitzen

dad detrás de su largo velo[1] de nieve? Lisandro apenas pudo distinguir algunos perfiles[2] urbanos, conocidos gracias al cine, fantasmas de la ciudad, rostros brumosos y nevados de rascacielos y puentes, de almacenes y muelles[3]...

Entraron cansados, rápidos, al gimnasio lleno de catres[4], echaron sus bultos[5] encima de los camastros[6] del ejército americano comprados por Barroso en un almacén de la Army & Navy Supply Store, pasaron al buffet preparado en una esquina, los baños estaban allá atrás, algunos empezaron a intimar, a picarse los ombligos, a llamarse mano y cuate[7], incluso dos o tres cantaron muy desentonados La barca de oro, los demás los callaron, querían dormir, el día empezaba a las cinco de la mañana, yo ya me voy al puerto donde se halla la barca de oro que ha de conducirme.

El sábado a las seis de la mañana, ahora sí era posible sentir, oler, tocar la ciudad, verla aún no, la bruma cargada de hielo[8] la hacía invisible, pero el olor de Manhattan le entraba como un puñal de fierro[9] por las narices y la boca a Lisandro Chávez, era humo, humo agrio y ácido de alcantarillas[10] y trenes subterráneos, de enormes camiones de carga con doce ruedas, de escapes de gas y parrillas[11] a ras de pavimentos[12] duros y brillantes como un piso de charol[13], en cada calle las bocas de metal se abrían para comerse las cajas y más cajas de frutas, verduras, latas, cervezas, gaseosas que le recordaron a su papá, súbitamente extranjero en su propia ciudad de México, como su hijo lo era en la ciudad de Nueva York, los dos preguntán-

1 el velo: Schleier
2 el perfil: Umriss, Silhouette
3 las muelles: *hier* Hafenanlagen
4 el catre: Pritsche
5 el bulto: *aquí* la mochila, la maleta
6 el camastro: el catre
7 llamarse mano y cuate: *etwa* sich als Kumpel bezeichnen
8 la bruma cargada de hielo: Eisnebel, eisiger Nebel
9 el puñal de fierro: *lat. am.* eiserner Dolch
10 la alcantarilla: Abwasserkanal
11 la parrilla: Gitterost
12 a ras de pavimientos duros: *etwa* in den harten Straßenbelag eingelassen
13 el piso de charol: Lackfußboden

dose qué hacemos aquí, acaso nacimos para hacer esto, no era otro nuestro destino, ¿qué pasó...?

—Gente decente, Lisandro. Que nadie te diga lo contrario. Siempre hemos sido gente decente. Todo lo hicimos correctamente. No violamos ninguna regla. ¿Por eso nos fue tan mal? ¿Por ser gente decente? ¿Por vivir como clase media honorable? ¿Por qué siempre nos va mal? ¿Por qué nunca acaba bien esta historia, hijito?

Evocaba[1] desde Nueva York a su padre perdido en un apartamento de la Narvarte como si anduviera caminando por un desierto, sin refugio, sin agua, sin signos, convirtiendo el apartamento en el desierto de su perplejidad, agarrado en un vértigo[2] de sucesos imprevistos, inexplicables, como si el país entero se hubiese desbocado[3], saltado las trancas[4], fugitivo de sí mismo, escapando a gritos y balazos[5] de la cárcel del orden, la previsión, la institucionalidad[6], como decían los periódicos, la institucionalidad. ¿Dónde estaba ahora, qué era, para qué servía? Lisandro veía cadáveres, hombres asesinados, funcionarios deshonestos, intrigas sin fin, incomprensibles, luchas a muerte por el poder, el dinero, las hembras, los jotos... Muerte, miseria, tragedia. En este vértigo inexplicable había caído su padre, rindiéndose[7] ante el caos, incapacitado para salir a luchar, trabajar. Dependiente de su hijo como él lo estuvo de niño de su padre. ¿Cuánto le pagaban a su madre por coser[8] ropa rota, por tejer[9] eternamente un chal o un suéter?

Ojalá que sobre la ciudad de México cayera también una cortina de nieve, cubriéndolo todo, escondiendo los rencores, las preguntas sin respuesta, el sentimiento de engaño colectivo. No era lo mismo mirar el polvo ardiente de México, máscara de un sol infatigable,

1 evocar: *aquí* recordar
2 el vértigo: *hier* Rausch, Taumel
3 desbocarse: *fig.* durchgehen, bocken (wie ein Pferd)
4 saltar las trancas: *hier* ausbrechen
5 a gritos y balazos: *etwa* schreiend und um sich schießend
6 la institucionalidad: *hier etwa* rechtsstaatliche Ordnung
7 rendirse (e→ie, i): sich ergeben, kapitulieren
8 coser: nähen, *hier* flicken
9 tejer: *hier* stricken

resignándose a la pérdida de la ciudad, que admirar la corona de nieve que engalanaba[1] los muros grises y las calles negras de Nueva York, y sentir un pulso vital: Nueva York construyéndose a sí misma a partir de su desintegración[2], su inevitable destino como ciudad de todos, enérgica, incansable, brutal, asesina ciudad del mundo entero, donde todos podemos reconocernos y ver lo peor y lo mejor de nosotros mismos...

Éste era el edificio. Lisandro Chávez se negó a mirar como payo[3] hasta las alturas de los cuarenta pisos; sólo se preguntó cómo iban a limpiar las ventanas en medio de una tormenta de nieve que a veces lograba disolver[4] el perfil mismo de la construcción, como si el rascacielos también estuviera fabricado de hielo. Era una ilusión. Al clarear tantito el día[5], podía verse un edificio todo de cristal, sin un solo material que no fuese transparente: una inmensa caja de música[6] hecha de espejos, unida por su propio vidrio cromado, niquelado[7]; un palacio de barajas[8] de cristal, un juguete de laberintos azogados[9].

Venían a limpiarlo por dentro, les explicaron reuniéndolos en el centro del atrio interior que era como un patio de luz gris de cuyos seis costados[10] se levantaban, como acantilados[11] ciegos, seis muros de vidrio puro. Hasta los dos elevadores eran de cristal. Cuarenta por seis, doscientos sesenta rostros interiores[12] del edificio de oficinas que vivía su vida a la vez secreta y transparente alrededor de un

---

1 engalanar a/c: etw. zieren, etw. schmücken
2 la desintegración: *aquí* la destrucción
3 el/la payo/-a: *fam.* Hinterwäldler, Landei
4 disolver (o→ue) a/c: etw. auflösen; *hier* unsichtbar werden lassen
5 al clarear el día: bei Tagesanbruch
6 la caja de música: Spieldose
7 cromado, niquelado: verchromt und vernickelt
8 la baraja: Spielkarte
9 un juguete de laberintos azugados: *etwa* ein Spielzeug wie ein Spiegellabyrinth
10 el costado: *aquí* el lado
11 el acantilado: Klippe
12 el rostro interior: *hier etwa* Innenfläche

atrio civil[1], un cubo excavado[2] en el corazón del palacio de juguete, el sueño de un niño en la playa construyendo un castillo, sólo que en vez de arena, le dieron cristales...

Los andamios[3] los esperaban para subirlos a los distintos pisos, de acuerdo con la superficie de cada piso en una construcción que se iba angostando[4], piramidal, al llegar a la cima[5]. Como en un Teotihuacan de vidrio, los trabajadores empezaron a subir hasta el piso diez, el veinte, el treinta, para desde allí limpiar los vidrios y descender de diez en diez, armados de limpiadores manuales y con tubos de ácido nomónico[6] en la espalda, como los tanques de oxígeno de un explorador submarino: Lisandro ascendía al cielo de cristal, pero se sentía sumergido, descendiendo a un extraño mar de vidrio en un mundo desconocido, patas arriba...

—¿Es seguro el producto? —inquirió Leonardo Barroso.

—Segurísimo. Es biodegradable[7]. Una vez usado, se descompone en elementos inocuos[8] —le contestaron los socios yanquis.

—Más les vale[9]. Metí una cláusula en el contrato haciéndolos responsables a ustedes por enfermedades de trabajo. Aquí uno se muere de cáncer nomás de respirar.

—Ah qué don Leonardo —rieron los yanquis—. Es usted más duro que nosotros.

—Welcome a tough Mexican —concluía el hombre de negocios.

—You're one tough hombre! —celebraron los gringos.

---

1 el atrio civil: *etwa* öffentlicher Innenhof, Atrium
2 el cubo excavado: *etwa* ausgehobener Kubus
3 el andamio: Gerüst, *hier* Gondel (zum Fensterputzen von außen)
4 irse angostando: sich nach und nach verengen, sich verjüngen
5 la cima: *hier* Spitze
6 el tubo de ácido nomónico: *etwa* Sprühflasche mit Putzmittel
7 biodegradable: biologisch abbaubar
8 inocuo/-a: que no hace daño
9 más les vale: *etwa* das ist auch besser so

3

Ella había caminado con un sentimiento de gratitud desde su apartamento en la calle 67 Este[1] al edificio situado en Park Avenue. El viernes en la noche lo pasó encerrada, dejó órdenes con el portero de no dejar pasar a nadie, menos que nadie a su ex-marido, cuya voz escuchó toda la noche insistiendo en el teléfono, hablándole al contestador automático, pidiéndole que lo recibiera, mi amor, escucha, déjame hablar, fuimos muy apresurados, debimos pensarlo mejor, esperar a que se cerraran las heridas, tú sabes que yo no quiero dañarte, pero la vida a veces se complica, y yo lo que siempre sabía, hasta en los peores momentos, es que te tenía a ti, podía regresar a ti, tú entenderías, tú perdonarías, porque si el caso fuera al revés, yo te habría perdonado a...

—¡No! —le gritó la mujer desesperada al teléfono, a la voz de su ex-marido invisible para ella—. ¡No! Te lo habrías cobrado[2] cruel, egoístamente, me habrías esclavizado con tu perdón...

Pasó una noche temerosa, yendo y viniendo por el apartamento pequeño pero bien arreglado, hasta lujoso en muchos detalles, yendo y viniendo entre el ventanal con las cortinas de paño[3] abiertas para entregarse al lujoso escenario de la nieve, y el ojo deformado del cíclope[4] que protege a la gente de la acechanza[5] eterna, la amenaza desvelada de la ciudad, el hoyo[6] de cristal en la puerta que permite ver el pasillo, ver sin ser visto, pero ver a un mundo deformado, submarino, el ojo ciego de un tiburón fatigado pero que no puede darse el lujo de descansar. Se ahogaría, se iría al fondo del

---

1 Este: East Side (Teil Manhattens östlich der Fifth Avenue)
2 te lo habrías cobrado cruelmente: *etwa* das hättest du mir grausam heimgezahlt
3 la cortina de paño: Stoffgardine
4 el cíclope: Zyklop (einäugiger Riese der griech. Mythologie)
5 la acechanza: *hier* Bedrohung
6 el hoyo: Loch

mar. Los tiburones tienen que moverse eternamente para sobrevivir.

No sintió temor a la mañana siguiente. La tormenta había cesado[1] y la ciudad estaba polveada de blanco, como para una fiesta. Faltaban tres semanas para la Navidad y todo se engalanaba, se llenaba de luces, brillaba como un gran espejo. Su marido jamás se levantaba antes de las nueve. Eran las siete cuando ella salió para caminar a la oficina. Dio gracias de que este fin de semana le brindara[2] la ocasión de encerrarse a trabajar, poner los papeles al día, dictar instrucciones, todo sin telefonazos, sin faxes, sin bromas de los compañeros, sin el ritual de la oficina neoyorquina, la obligación de ser a la vez indiferente y gracioso, tener el wise-crack[3], la broma, a flor de labios[4], saber cortar las conversaciones y los telefonazos con rudeza, nunca tocarse, sobre todo nunca tocarse físicamente, jamás un abrazo, ni siquiera un beso social en las mejillas, los cuerpos apartados, las miradas evitables... Qué bueno. Aquí no la encontraría su marido. Él no tenía idea... Se volvería loco llamándola, tratando de colarse[5] al apartamento...

Una mujer que se sentía libre esa mañana. Había resistido al mundo externo. A su marido; ahora exterior a ella, expulsado de la interioridad, física y emocional, de ella. Resistía a la multitud que la absorbía todas las mañanas al caminar al trabajo, haciéndola sentirse parte de un rebaño[6], insignificante individualmente, despojada[7] de importancia: ¿no hacían los centenares de personas que en cualquier momento de la mañana transitaban la cuadra[8] de Park entre la 67 y la 66 algo tan importante o más que lo que ella hacía, o quizás tan poco importante, o menos...?

---

1 cesar: terminar, acabar
2 brindar: *aquí* ofrecer
3 el wise-crack *(ingl.)*: *etwa* Schlagfertigkeit
4 la broma, a flor de labios: *etwa* immer einen Witz auf den Lippen
5 colarse a a/c: *fam.* entrar en a/c
6 el rebaño: Herde; *fig.* Horde
7 despojado/-a de importancia: sin importancia
8 la cuadra: (Häuser-)Block

No había caras felices.
No había caras orgullosas de lo que hacían.
No había caras satisfechas de su ocupación.
Porque la cara trabajaba también, guiñaba[1], gesticulaba, ponía los ojos en blanco[2], hacía muecas[3] de horror fingido, de asombro real, de escepticismo, de falsa atención, de burla, de ironía, de autoridad: rara vez, se dijo caminando rápidamente, gozando la soledad de la ciudad nevada, rara vez daba ella o le daban el rostro[4] verdadero, espontáneo, sin la panoplia[5] de gestos aprendidos para agradar, convencer, atemorizar, imponer respeto, compartir intrigas...

Sola, inviolable[6], dueña de sí misma, posesionada de todas las partes de su cuerpo y de su alma, adentro y afuera, unida, entera. La mañana fría, la soledad, el paso firme, elegante, propio, le dieron todo eso en el camino entre su apartamento y su oficina.

Ésta estaba llena de trabajadores. Se olvidó. Se rió de sí misma. Había escogido para estar sola el día en que iban a limpiar los cristales interiores del edificio. Lo habían anunciado a tiempo. Se olvidó. Ascendió sonriendo al último piso, sin mirar a nadie, como un pájaro que confunde su jaula[7] con su libertad. Caminó por el pasillo del piso cuarenta –muros de cristal, puertas de vidrio, vivían suspendidos[8] en el aire, hasta los pisos[9] eran de un cristal opaco[10], el arquitecto era un tirano y había prohibido tapetes[11] en su obra maestra de cristal–. Entró a su despacho, situado entre el pasillo de cristal y el atrio interior. No tenía vista a la calle. No circulaba el aire contaminado de la calle. Puro aire acondicionado. El edificio estaba

1 guiñar: zwinkern
2 poner los ojos en blanco: die Augen verdrehen
3 la mueca: Grimasse
4 el rostro: *lit.* la cara
5 la panoplia: Arsenal
6 inviolable: unantastbar
7 la jaula: Käfig
8 supendido/-a: *hier* schwebend
9 el piso: *aquí* el suelo
10 opaco/-a: undurchsichtig
11 el tapete: *hier* Teppich(boden)

sellado[1], aislado, como ella quería sentirse hoy. La puerta daba al corredor[2]. Pero todo el muro de cristal daba al atrio y a veces a ella le gustaba que su mirada se desplomase[3] cuarenta pisos convirtiéndose, en el trayecto, en copo[4] de nieve, en pluma, en mariposa.

Cristal sobre el corredor. Cristales a los costados, de manera que las dos oficinas junto a la suya también eran transparentes, obligando a sus colegas a guardar una cierta circunspección[5] en sus hábitos físicos, pero manteniendo una buena naturalidad de costumbres a pesar de todo. Quitarse los zapatos, poner los pies sobre la mesa, les era permitido a todos, pero los hombres podían rascarse las axilas[6] y entre las piernas, las mujeres no. Pero las mujeres podían mirarse en el espejo y retocarse el maquillaje. Los hombres –salvo algunas excepciones– no.

Miró frente a ella, al atrio, y lo vio a él.

→ *Tareas B*

4

A Lisandro Chávez lo subieron solo en el tablón[7] hasta el piso más alto. A todos les habían preguntado si sufrían de vértigo[8] y él recordó que a veces sí, una vez en una rueda de la fortuna[9] en una feria le dieron ganas de tirarse al vacío, pero se calló.

Al principio, ocupado en acomodar[10] sus trapos e instrumentos de limpieza, pero sobre todo preocupado por ponerse cómodo él mismo, no la vio a ella, no miró hacia adentro. Su objetivo era el cristal. Se suponía que en sábado nadie iba a trabajar en la oficina.

1   sellado/-a: versiegelt
2   el corredor: el pasillo
3   desplomarse: *aquí* caer
4   el copo: Flocke
5   la circunspección: Umsicht, *hier* Zurückhaltung
6   rascarse las áxilas: sich unter den Armen kratzen
7   el tablón: Brett; *hier* Bodenbrett (der Putzgondel)
8   el vértigo: Schwindel; *hier* Höhenangst
9   la rueda de la fortuna: Riesenrad
10 acomodar a/c: *hier* etw. zurechtlegen

Ella lo vio primero y no se fijó en él. Lo vio sin verlo. Lo vio con la misma actitud con que se ve o deja de ver a los pasajeros que la suerte nos deparó[1] al tomar un elevador, abordar un autobús u ocupar una butaca[2] en un cine. Ella sonrió. Su trabajo de ejecutiva de publicidad[3] la obligaba a tomar aviones para hablar con clientes en un país del tamaño del universo, los USA. Nada temía tanto como un compañero de fila[4] hablantín[5], de esos que te cuentan sus cuitas[6], su profesión, el dinero que ganan, y acaban, después de tres Bloody Marys, poniéndote la mano sobre la rodilla. Volvió a sonreír. Había dormido muchas veces con varios desconocidos al lado, envueltos cada uno en su frazada[7] de avión, como amantes virginales...

Cuando los ojos de Lisandro y los de Audrey se encontraron, ella hizo un saludo inclinando la cabeza, como se saluda, por cortesía, a un mesero[8] de restorán, con menos efusividad[9] que al portero de una casa de apartamentos... Lisandro había limpiado bien la primera ventana, la de la oficina de Audrey, y a medida que le arrancaba una leve película[10] de polvo y ceniza, ella fue apareciendo, lejana y brumosa[11] primero, después acercándose poco a poco, aproximándose sin moverse, gracias a la claridad creciente del cristal. Era como afocar[12] una cámara. Era como irla haciendo suya[13].

La transparencia del cristal fue desvelando el rostro de ella. La iluminación de la oficina iluminaba la cabeza de la mujer desde atrás, dándole a su cabellera castaña la suavidad y el movimiento

---

1 deparar a/c a alg.: jdm. etw. bescheren
2 la butaca: el asiento de teatro o de cine
3 el/la ejecutivo/-a de publicidad: *etwa* Projektleiter/in in der Werbeabteilung
4 el/la compañero/-a de fila: Sitznachbar/in
5 hablantín: que habla mucho
6 la cuita: la preocupación, la pena
7 la frazada: la manta
8 el/la mesero/-a: *mex.* el/la camarero/-a
9 la efusividad: Herzlichkeit
10 la película (de polvo y ceniza): (Schmutz-)Film
11 brumoso/-a: *aquí* poco claro/-a, difuso/-a
12 afocar: scharfstellen
13 era como irla haciendo suya: es war, als mache er sich sie zu eigen

de un campo de cereales[1] cuyas espigas[2] se enredaban[3] en la bonita trenza[4] rubia que le caía como un cordón por la nuca. Allí en la nuca se concentraba más luz que en el resto de la cabeza. La luz de la nuca mientras ella apartaba la trenza blanca y tierna, destacando la rubia ondulación de cada vello[5] que ascendía desde la espalda, como un manojo de semillas[6] que van a encontrar su tierra, su fertilidad gruesa y sensual en la masa de cabellera trenzada.

Trabajaba con la cabeza agachada sobre los papeles, indiferente a él, indiferente al trabajo de los otros, servil, manual, tan distinto del de ella, empeñada en[7] encontrar una buena frase, llamativa, catchy, para un anuncio televisivo de la Pepsi Cola. Él sintió incomodidad, miedo de distraerla con el movimiento de sus brazos sobre el cristal. Si ella levantaba la cara, ¿lo haría con enojo, molesta por la intrusión del trabajador?

¿Cómo lo miraría, cuando lo volviese a mirar?

—Cristo —se dijo ella en voz baja—. Me advirtieron que vendrían trabajadores. Espero que este hombre no me esté observando. Me siento observada. Me estoy enojando. Me estoy distrayendo.

Levantó la mirada y encontró la de Lisandro. Quería molestarse pero no pudo. Había en ese rostro algo que la asombró. No observó, al principio, los detalles físicos. Lo que estremeció su atención[8] fue otra cosa. Algo que casi nunca encontraba en un hombre. Luchó desesperadamente con su propio vocabulario, ella que era una profesional de las palabras, de los lemas[9], una palabra que describiera la actitud, el rostro, del trabajador que limpiaba las ventanas de la oficina.

---

1 el campo de cereales: Kornfeld
2 la espiga: Ähre
3 enredarse: *hier* sich verflechten
4 la trenza: Haarzopf
5 el vello: Flaumhaar
6 un manojo de semillas: eine Hand voll Samen
7 empeñado/-a en hacer a/c: beharrlich, unermüdlich etw. tun
8 estremecer (c→zc) la atención de alg.: llamar la atención de alg.
9 el lema: Motto, Wahlspruch

La encontró con un relampagazo mental[1]. Cortesía[2]. Lo que había en este hombre, en su actitud, en su distancia, en su manera de inclinar la cabeza, en la extraña mezcla de tristeza y alegría de su mirada, era cortesía, una ausencia increíble de vulgaridad[3].

—Este hombre —se dijo— nunca me llamaría desesperado por teléfono a las dos de la madrugada pidiéndome excusas. Se aguantaría[4]. Respetaría mi soledad y yo la suya.

—¿Qué haría por ti este hombre? —se preguntó enseguida—. Me invitaría a cenar y luego me acompañaría hasta la puerta de mi casa. No me dejaría irme sola en un taxi de noche.

Él vio fugazmente[5] los ojos castaños, grandes y profundos, cuando ella levantó la mirada y se turbó, bajó la suya, siguió con su trabajo, pero recordó en el mismo instante que ella había sonreído. ¿Lo imaginaba él, o era cierto? Se atrevió a mirarla. La mujer le sonreía, muy brevemente, muy cortésmente, antes de bajar la cabeza y regresar a su trabajo.

La mirada bastó. No esperaba encontrar melancolía en los ojos de una gringa. Le decían que todas eran muy fuertes, muy seguras de sí mismas, muy profesionales, muy puntuales, no que todas las mexicanas fueran débiles, inseguras, improvisadas y tardonas[6], no, para nada. Lo que pasaba era que una mujer que venía a trabajar los sábados tenía que serlo todo menos melancólica, quizás tierna, quizás amorosa. Eso lo vio claramente Lisandro en la mirada de la mujer. Tenía una pena, tenía un anhelo. Anhelaba. Eso le decía la mirada: Quiero algo que me falta.

Audrey bajó la cabeza más de lo necesario, para perderse en sus papeles. Esto era ridículo. ¿Iba a enamorarse del primer hombre que pasara por la calle, sólo para romper definitivamente con su marido,

---

1 le relampagazo mental: Geistesblitz
2 la cortesía: Höflichkeit, *hier* Zuvorkommenheit, Anstand
3 la vulgaridad: Gemeinheit, Derbheit, Rohheit
4 aguantarse: *hier* sich beherrschen, sich zurückhalten
5 fugaz: flüchtig
6 tardón/-ona: *aquí* impuntual

hacerlo escarmentar[1], por puro efecto de rebote[2]? El trabajador era guapo, era lo malo del asunto, tenía esa actitud de caballerosidad[3] insólita[4] y casi insultante, fuera de lugar, como si abusara de su inferioridad, pero también tenía ojos brillantes en los que los momentos de tristeza y alegría se proyectaban con igual intensidad, tenía una piel mate[5], oliva, sensual, una nariz corta y afilada, con aletas[6] temblorosas, pelo negro, rizado, joven, un bigote espeso. Era todo lo contrario de su marido. Era —volvió a sonreír— un espejismo[7].

Él le devolvió la sonrisa. Tenía dientes fuertes, blancos. Lisandro pensó que había evitado todos los trabajos que lo rebajaran[8] frente a quienes había conocido cuando era un chico con ambiciones. Aceptó una chamba[9] de mesero en Focolare y la situación fue muy penosa cuando tuvo que servir a una mesa de antiguos compañeros de la secundaria. Todos había prosperado, salvo él. Los apenó, lo apenaron. No sabían cómo llamarlo, qué cosa decirle. ¿Te acuerdas del gol que metiste contra el Simón Bolívar? Fue lo más amable que oyó, seguido de un embarazoso[10] silencio.

No servía de oficinista[11], había dejado la escuela después del tercero de secundaria, no sabía taquigrafía[12] ni escribir a máquina. Ser taxista era peor. Envidiaba a los clientes más ricos, despreciaba a los más pobres, la ciudad de México y su tráfico enmarañado[13] lo

---

1 hacer escarmentar a alg.: *etwa* jdm. eine Lektion erteilen
2 por puro efecto de rebote: *etwa* um es ihm mit gleicher Münze zurückzuzahlen
3 la caballerosidad: Ritterlichkeit
4 insólito/-a: extraordinario/-a, especial
5 mate: matt
6 la aleta: Nasenflügel
7 el espejismo: Trugbild, Fata Morgana
8 rebajar a alg.: humillar a alg.
9 la chamba: *mex. fam.* el trabajo
10 embarazoso/-a: desagradable
11 el/la oficinista: persona que está empleada en una oficina
12 la taquigrafía: Stenographie
13 enmarañado/-a: caótico/-a

sacaban de quicio[1], lo ponían encabronado[2], bravucón[3], mentador de madres[4], todo lo que no quería ser... Dependiente de almacén, empleado de gasolinera, lo que fuera, claro. Lo malo es que ni esas chambas había. Todos estaban desempleados, hasta los mendigos eran considerados como desempleados. Dio gracias de haber aceptado este trabajo en los Estados Unidos. Dio gracias por los ojos de la mujer que ahora lo miraba directamente.

No sabía que ella no sólo lo miraba. Lo imaginaba. Iba un paso por delante de él. Lo imaginaba en toda clase de situaciones. Ella se llevó el lápiz a los dientes. ¿Qué deportes le gustarían? Se veía muy fuerte, muy atlético. ¿Películas, actores, le gustaba el cine, la ópera, las series de televisión, qué? ¿Era de los que contaban cómo acababan las películas? Claro que no. Eso se notaba en seguida. Le sonrió directamente, ¿era de los que soportaban que una mujer como ella no resistiera la tentación de contarle al compañero cómo terminaba la película, la novela policiaca, todo menos la historia personal, eso nunca se sabía cómo iba a terminar?

Quizás él adivinó algo de lo que pasaba por la cabeza de ella. Hubiera querido decirle con franqueza[5], soy distinto, no te fíes de las apariencias[6], yo no debía estar haciendo esto, esto no soy yo, no soy lo que te imaginas pero no podía hablarle al cristal, sólo podía enamorarse de la luz de los cristales que, ellos, sí podían penetrarla, tocarla a ella; la luz les era común.

Deseó intensamente tenerla, tocarla aunque fuese a través del cristal.

Ella se levantó, turbada, y salió de la oficina.

---

1 sacar de quicio a alg.: *fig.* jdn. wahnsinnig machen, jdn. aus dem Häuschen bringen
2 encabronado/-a: *fam.* enfadado/-a, furioso/-a
3 bravucón/-ona: großmäulig, großtuerisch
4 mentador/-a de madres: *etwa* beleidigend, vulgär
5 con franqueza: abiertamente, sin callar nada
6 no fiarse de las apariencias: dem äußeren Schein nicht trauen

¿Algo la había ofendido? ¿Algún gesto, alguna seña suya habían sido indebidas[1]? ¿Se había propasado[2] por desconocer las formas de cortesía gringas? Se enojó con él mismo por sentir tanto miedo, tanta desilusión, tanta inseguridad. Quizás ella se había ido para siempre. ¿Cómo se llamaba? ¿Ella se preguntaría lo mismo? ¿Cómo se llamaba él? ¿Qué tenían en común?

Ella regresó con el lápiz labial[3] en la mano.

Lo detuvo destapado[4], erguido, mirando fijamente a Lisandro.

Pasaron varios minutos mirándose así, en silencio, separados por la frontera de cristal.

Entre los dos se estaba creando una comunidad irónica, la comunidad en el aislamiento. Cada uno estaba recordando su propia vida, imaginando la del otro, las calles que transitaban, las cuevas[5] donde iban a guarecerse[6], las selvas de cada ciudad, Nueva York y México, los peligros, la pobreza, la amenaza de sus ciudades, los asaltantes, los policías, los mendigos, los pepenadores[7], el horror de dos grandes ciudades llenas de gente como ellos, personas demasiado pequeñas para defenderse de tantas amenazas.

—Éste no soy yo— se dijo él estúpidamente, sin darse cuenta que ella quería que él fuese él, así, como lo descubrió esa mañana, cuando ella despertó y se dijo: —Dios mío, ¿con quién he estado casada?, ¿cómo es posible?, ¿con quién he estado viviendo?—, y luego lo encontró a él y le atribuyó todo lo contrario de lo que odiaba en su marido, la cortesía, la melancolía, no importarle que ella le revelara cómo acababan las películas...

Él y ella, solitarios.

Él y ella, inviolables en su soledad.

---

[1] indebido/-a: inoportuno/-a, inadecuado/-a
[2] propasarse: zu weit gehen
[3] el lápiz labial: Lippenstift
[4] lo detuvo destapado, erguido: *etwa* sie hatte ihn aufgeschraubt und hielt ihn in die Höhe
[5] la cueva: Höhle
[6] guarecerse: refugiarse
[7] el/la pepenador/a: *mex.* Müllsammler

Separados de los demás, ella y él frente a frente, una mañana de sábado insólita, imaginándose.

Él y ella, separados por la frontera de cristal. ¿Cómo se llamaban? Los dos pensaron lo mismo. Puedo ponerle a este hombre el nombre que más me guste. Y él: algunos tienen que imaginar a la amada como una desconocida; él iba a tener que imaginar a la desconocida como una amada. No era necesario decir «sí».

Ella escribió su nombre en el cristal con su lápiz de labios. Lo escribió al revés, como en un espejo: YERDUA. Parecía un nombre exótico, de diosa india.

Él dudó en escribir el suyo, tan largo, tan poco usual en inglés. Ciegamente, sin reflexionar, estúpidamente quizás, acomplejadamente[1], no lo sabe hasta el día de hoy, escribió solamente su nacionalidad, NACIXEM.

Ella hizo un gesto como pidiendo algo más, dos manos separadas, abiertas; —¿algo más?—

No, negó él con la cabeza, nada más.

De abajo comenzaron a gritarle, qué haces tanto tiempo allá arriba, no has terminado, no seas güevón[2], rápido, ya dieron las nueve, tenemos que jalarnos[3] al siguiente edificio.

¿Algo más?, pedía el gesto, pedía la voz silenciosa de Audrey.

Él acercó los labios al cristal. Ella no dudó en hacer lo mismo. Los labios se unieron a través del vidrio. Los dos cerraron los ojos. Ella no los volvió a abrir durante varios minutos. Cuando recuperó la mirada[4], él ya no estaba allí.

→ *Tareas C*

---

1 acomplejadamente: voller Komplexe, komplexbeladen
2 güevón/-ona: vago, perezoso/-a
3 jalarse: *mex.* irse
4 recuperar la mirada: die Augen wieder aufschlagen

Tarea continua:

«La frontera de cristal»: A lo largo de la lectura, identificad y examinad las partes / elementos del relato que os puedan ayudar a interpretar esta metáfora.

Tareas A

1. ¿Qué asocias con el título del relato?
2. Describe brevemente las circunstancias del vuelo a Nueva York. ¿Por qué tiene lugar? ¿Quiénes están a bordo? ¿Qué relación tienen entre ellos?
3. «¿Qué hago yo aquí? Este no soy yo.» — se dice Lisandro Chávez (p. 48, ll. 24–25). Reúne la información sobre él y retrátalo como hombre desilusionado.
4. Imaginad que Michelina Laborde reconoce a Lisandro y que le hace la misma pregunta: «¡Lisandro! ¿Eres tú? ¿Qué haces tú aquí?» Escribe el diálogo.
5. «Van a seguir viniendo. Y van a venir porque ustedes los necesitan.» (p. 45, ll. 19–20) Discutid esta afirmación hecha por Leonardo Barroso acerca del flujo migratorio hacia los EE.UU.

Tareas B

1. Describe la situación en la que se encuentra Audrey.
2. «La tormenta había cesado» (p. 62, ll. 3–4). Explica esta afirmación del narrador.

Tareas C

1. Presenta las circunstancias en las que se encuentran Audrey y Lisandro y las acciones realizadas por ellos.
2. Analiza el encuentro de los dos personajes, teniendo en cuenta la función narrativa de la «frontera de cristal» (p. 71, l. 3) que los separa.

3. La misma noche, Lisandro reflexiona sobre el encuentro con Audrey y su decisión de no escribir su nombre en el cristal. Escribe su monólogo interior.

ANEXO

Das Fließband und die Gewalt

Die herkömmliche Ökonomie ist auf manchem Auge blind. Der Zürcher Wirtschaftsgeograf Christian Berndt erläutert die Folgen am Beispiel der mexikanischen Stadt Ciudad Juárez.

WOZ: *Herr Berndt, seit 1999 sind Sie mehrfach in die mexikanische Grenzstadt Ciudad Juárez gereist. Was treibt Sie dazu an?*
Christian Berndt: Ciudad Juárez ist ein wichtiger Standort für Firmen wie Foxconn. Als Zulieferer produziert Foxconn Produkte wie das iPhone. Apple muss dann nur noch das Logo hinzufügen. Innerhalb dieser Industrie, die in Mexiko Maquiladora-Industrie genannt wird, interessieren mich die Arbeitsbeziehungen, was es für die Menschen bedeutet, für nördliche Konsumentinnen und Konsumenten zu arbeiten. [...]
 [Viele Arbeiterinnen und Arbeiter] haben für die Aussicht auf einen Arbeitsplatz in diesen Fabriken sehr viel auf sich genommen. Sie arbeiten lieber in der Maquiladora-Industrie, als sich auf den Feldern im Süden Mexikos den Rücken krumm zu arbeiten.

Das klingt verständlich.
Nur auf den ersten Blick. Die Arbeitsbedingungen sind problematisch. Ein Monatslohn um die 200 Dollar reicht in Juárez nur mit großen Mühen zum Leben. Dazu kommt ein subtiles Disziplinierungsregime. Der Kontrast zwischen der modernen Produktionswelt und den prekären Lebensbedingungen im Wohnumfeld der Beschäftigten führt zu einer Identifikation mit ihrer Arbeit, die die Unternehmen geschickt stärken. Gleichzeitig unterbinden sie aber Organisationsversuche[1] der Beschäftigten mit allen Mitteln. In dieser Konstellation ist direkter Widerstand fast unmöglich.

Hat sich die Situation der Arbeiter über die Jahre gebessert?
Profitiert haben neben den internationalen Unternehmen vor allem die lokalen Eliten, wie etwa die Landeigentümer, die ihr Land an die Investo-

1 Organisationsversuche: *hier* Versuche, sich gewerkschaftlich zu organisieren

ren verkaufen konnten und heute Dienstleistungen für die Unternehmen anbieten. Die große Modernisierungsverheißung bleibt für die meisten Beschäftigten ein leeres Versprechen. Die Fliessbandarbeit in den Fabriken ermöglicht es ihnen kaum, sich weiterzuentwickeln.

Was waren die größten Veränderungen seit Ihrem ersten Besuch in Juárez im Jahr 1999?
Das enorme Wachstum der Stadt. [...] Innerhalb weniger Jahrzehnte ist Juárez von mehreren Zehntausend Einwohnern auf 1,5 Millionen gewachsen. Um für die 200 000 bis 300 000 Arbeitskräfte und zusätzliche Fabriken Platz zu schaffen, werden Menschen auch mit Gewalt enteignet und vertrieben. Das war beispielsweise in einem dünn besiedelten Gebiet im Westen der Stadt zu beobachten, das durch neue Entwicklungspläne stark an Wert gewann. Häuser und Menschen wurden auf Initiative einer der mächtigsten Familien der Stadt kurzerhand von privaten Sicherheitskräften eingezäunt, der Zugang zur Siedlung wurde kontrolliert, die Leute mit Gewalt vertrieben. [...]

Die Arbeitsmigranten müssen irgendwo wohnen und siedeln sich in der Wüste rund um die Stadt an, in provisorischen Siedlungen ohne Strom oder fließendes Wasser und oft mit ungeklärtem rechtlichem Status. Die Stadt kann die Infrastruktur nicht bereitstellen, die Straßen sind nicht geteert. Und so leben die meisten Menschen in Juárez in prekären Verhältnissen.

Welche Auswirkungen hat dies auf das Zusammenleben in der Stadt?
Es herrscht ein Klima der Gewalt. Augenfällig wird dies bei den verstörenden sexuellen Gewaltverbrechen gegen mehrere Hundert Frauen. Die Verbrechen wurden in der Mehrheit nicht aufgeklärt. Diese Gewalt lässt sich teilweise mit den Folgen der Maquiladorisierung für die Geschlechterverhältnisse erklären.

Wegen eines Männerüberschusses?
Nein, es ist genau umgekehrt: Die Fabriken haben in erster Linie junge Frauen angeworben, die ohne Familie kommen und relativ isoliert und schutzlos sind. Die Männer erfahren eine Abwertung, weil sie weniger

gefragt sind. Ich habe erlebt, wie eine Firma mehrere Wochen lang Stellen am Fabriktor ausgeschrieben hatte und so lange Männer wegschickte, bis sich geeignete Frauen fanden. Das erschüttert das Bild der klassischen Rollenverteilung vieler Männer, die sich die Kontrolle zurückholen
5 wollen. Das und ein soziales Umfeld, in dem ein Menschenleben wenig zählt, erklären zumindest einen Teil dieser Gewalt an Frauen. [...]

11.7.2013, *WOZ – Die Wochenzeitung* (Zürich), https://www.woz.ch/-421c, Interview: Corsin Zander

Mediación

Tu curso de español prepara un folleto informativo sobre la situación en la frontera norte de México en el que pensáis denunciar, entre otras cosas, los problemas sociales que hay en las grandes ciudades fronterizas. Has encontrado esta entrevista en la revista semanal suiza *WOZ – Die Wochenzeitung*.

Tarea

Escribe un artículo para el folleto en el que expones las consecuencias de la «maquiladorización» para las condiciones de vida y la convivencia social en Cd. Juárez, según la entrevista en la *WOZ*.